新しいパパの教科書

Everyone likes smiling fathers!

NPO法人 ファザーリング・ジャパン 著

○ THE NEW FATHERS' BOOK ▷ MIND | SKILL | KNOWLEDGE | NETWORK

Gakken

［はじめに］

新しいパパたちへ

「新しいパパ」と聞いて、どんなことを連想しましたか？ この数年、子育てに熱心な男性が随分と増え、街では赤ちゃんを抱っこし、ベビーカーを押すパパの姿をよく見かけます。「男は仕事、女は家庭」といった価値観に縛られない、新しいタイプのパパが増えています。

子育てをするパパは、ほんの数年前まではまれな存在でした。かつてのパパたちはこう言います。「子連れでスーパーに買い物に行ったら周りから怪しい目で見られた」「父子旅行中に出会った人から『ママがいなくてかわいそうね』と言われた」と。

ファザーリング・ジャパン（通称：FJ）がパパの子育てを広めることを目的に活動を開始したのが、2006年の秋のことでした。FJは、年間300回を超える講座やイベント、ファザーリング・スクールなど様々な事業を展開する中で、「Fathering＝父親であることを楽しむ生き方」を提唱し、パパが子育てに関わることの大切さを訴えてきました。そして、たくさんのパパたちが「笑っている父親になろう」のメッセージに共感してくれました。

FJ会員のパパには、子どもが生まれて働き方を見直したパパ、家族を優先して転職や独立をしたパパ、地元で安心して子育てできるようにと地域のボランティア活動を始めたパパ、PTA会長になったパパなど、それまでの仕事一辺倒だった生き方を変えたパパがたくさんいます。

とはいえ、世の中で子育てを実際に行っている父親はまだまだ少数派です。なぜなら男性の子育てにおける「意識の壁」があるからです。「男には料理や家事はできない」「子育ては母親の方が向いているから任せる方がよい」といった意識が「壁」となり、積極的な子育てにつながらないことがあります。また、職場における「上司の意識」や「社内の雰囲気」、家庭における「身内の理解」にも、阻害要因があるかもしれません。

そして「制度の壁」もあります。旧来型の働き方から抜け出せない人が大勢います。長時間労働を前提とした働き方をやめなければ、パパが子育てをしたいと思ってもその時間を捻出することは難しいでしょう。また同時に、長時間労働の働き方がネックとなって、依然としてママは仕事か子育てかの選択を余儀なくされています。

そして、これからパパになる若い世代では、非正規雇用が拡大し、年収300万円未満の低所得層が増え、先の収入が見えないことで結婚や子育ての将来像が描きにくい状況に陥っています。パパになりたい、と願っても目の前に大きな壁がそびえ、立ちすくんでしまいます。こうした問題は個人の努力で解決することは難しいのですが、当事者のパパたちが声をあげることで、少しでも改善に向かうのではと思っています。

私がFJに入会したのは、4年前でした。私自身にも意識と制度の壁がありましたが、3人の子どもたちを育てる中で、FJのパパ友たちから刺激を受け、何とか乗り越えることができました。子育ての悩みがすべて解決することはありませんが、「悩みも楽しい人生の1ページ」という感覚があればこそ、乗り越えていけるのだと信じています。

『新しいパパの教科書』といっても、理想のパパ像を教えたいわけではありません。子育てには正解はなく、パパのあり方は多様性（ダイバーシティ）があってよいのです。ただ、子育てやパパのあり方に正解はないにしても、セオリー（理論）はあるはずです。

本書の「新しいパパのセオリー」を学ぶことで、「笑っている父親」への一歩を踏み出していただけたらと思います。パパと子ども、家族や地域で笑い合えるファザーリングの仲間になれたらとてもうれしいです。

NPO法人ファザーリング・ジャパン代表理事　吉田大樹

新しいパパの教科書

Contents

目　次

第2章 | パートナーシップ ………… 27

MIND ▶▶▶

第3章 | パパのための子育て基礎知識 ………… 47

KNOWLEDGE ▶▶▶

第4章｜育児・家事のパパテクニック ………… 85

SKILL ▶▶▶

本書の特長と使い方

●本書は、日本最大のパパ団体「ファザーリング・ジャパン」(以下、FJ)の講師陣による、まったく新しいパパ向けの育児書です。

●子育てを楽しむための【マインド】【知識】【スキル】そして【ネットワーク】について、これ一冊で全て学ぶことができます。

●本書の主な読者対象は、これからパパになる人(プレパパ)、および3歳くらいまでのお子さんがいるパパです。「子育てにどう取り組んだらいいのかわからない」とお悩みのパパにとっても、「もっともっと子育てを頑張りたい！」という意欲あふれるパパにとっても、役立つ情報が満載です。

●本書は6章で構成しており、基本的には1章から順に読んでもらうことを想定していますが、例えば以下のように、気になるところ、知りたいところから読んでも構いません。

「最近ママとの関係がギクシャクしている……」
→ **2章でパートナーシップについて考えてみる！**

「ママが妊娠中……自分はどうすれば？」
→ **3章①②③で、自分の役割を確認する！**

「離乳食もおむつ替えも、どうすればいいかさっぱり……」
→ **4章②③④で育児スキルアップ！**

「子どもとの遊び方を知りたい！」
→ **4章⑤⑥で、外遊びや絵本の読み聞かせのテクニックを身につける！**

「子育てと仕事を両立させたいんだけど……」
→ **5章でワーク・ライフ・バランスについて学ぶ！**

「パパ友が周りにいなくて寂しい……」
→ **6章でパパネットワーク作りのコツを知る！**

□本書の構成

本書の内容は、テーマによって【マインド】【知識】【スキル】【ネットワーク】に分かれています。各テーマのねらいは下記のとおりです。

【MIND(マインド)】… 子育てに対する意欲を高める
【KNOWLEDGE(知識)】… 子育てに関わる知識・情報を学習する
【SKILL(スキル)】… 子育てに役立つ技術を習得する
【NETWORK(ネットワーク)】… パパ友ネットワーク作りのコツを知る

▶ パパのギモン

パパのよくある悩みや疑問を各回3つ挙げています。
読者のパパも心当たりがあるのでは……?

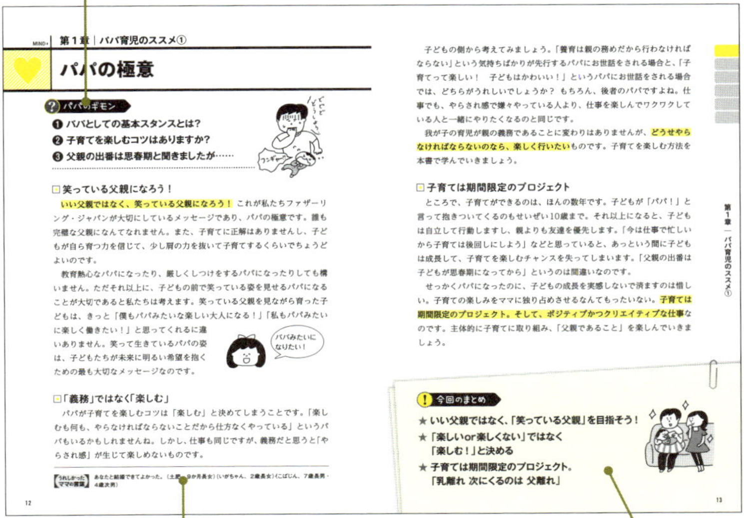

MIND▸ 第1章|パパ育児のススメ①

パパの極意

パパのギモン
❶ パパとしての基本スタンスとは?
❷ 子育てを楽しむコツはありますか?
❸ 父親の出番は思春期と聞きましたが……

□笑っている父親になろう!

いい父親ではなく、笑っている父親になろう! これが私たちファザーリング・ジャパンが大切にしているメッセージであり、パパの極意です。誰も完璧な父親になんてなれません。また、子育てに正解はありませんし、子どもが自ら育つ力を信じて、少し肩の力を抜いて子育てするくらいでちょうどよいのです。

教育熱心なパパになったり、厳しくしつけをするパパになったりしても構いません。ただそれ以上に、子どもの前で笑っている姿を見せるパパになることが大切であると私たちは考えます。笑っている父親を見ながら育った子どもは、きっと「僕もパパみたいな楽しい大人になる!」「私もパパみたいに楽しく働きたい!」と思ってくれるに違いありません。笑って生きているパパの姿は、子どもたちが未来に明るい希望を抱くための最も大切なメッセージなのです。

□「義務」ではなく「楽しむ」

パパが子育てを楽しむコツは「楽しむ」と決めてしまうことです。「楽しむも何も、やらなければならないことだから仕方なくやっている」というパパもいるかもしれませんね。しかし、仕事も同じですが、義務だと思うと「やらされ感」が生じて楽しめないものです。

子どもの側から考えてみましょう。「養育は親の務めだから行わなければならない」という気持ちばかりが先行するパパにお世話をされる場合と、「子育てって楽しい! 子どもはかわいい!」というパパにお世話をされる場合では、どちらがうれしいでしょうか? もちろん、後者のパパですよね。仕事でも、やらされ感で嫌々やっている人より、仕事を楽しんでワクワクしている人と一緒にやりたくなるのと同じです。

我が子の育児が親の義務であることに変わりはありませんが、どうせやらなければならないのなら、楽しく行いたいものです。子育てを楽しむ方法を本書で学んでいきましょう。

【うれしかったママの言葉】あなたと結婚できてよかった。(土肥、9か月長女)(いがちゃん、2歳長女)(にばじん、7歳長男・4歳次男)

12

□子育ては期間限定のプロジェクト

ところで、子育てができるのは、ほんの数年です。子どもが「パパ!」と言って抱きついてくるのもせいぜい10歳まで。それ以上になると、子どもは自立して行動しますし、親よりも友達を優先します。「今は仕事で忙しいから子育ては後回しにしよう」などと思っていると、あっという間に子どもは成長して、子育てを楽しむチャンスを失ってしまいます。「父親の出番は子どもが思春期になってから」というのは間違いなのです。

せっかくパパになったのに、子どもの成長を実感しないで済ますのは惜しい。子育ての楽しみをママに独り占めさせるなんてもったいない。子育ては期間限定のプロジェクト。そして、ポジティブかつクリエイティブな仕事なのです。主体的に子育てに取り組み、「父親であること」を楽しんでいきましょう。

第1章 — パパ育児のススメ①

今回のまとめ
★ いい父親ではなく、「笑っている父親」を目指そう!
★「楽しいor楽しくない」ではなく「楽しむ!」と決める
★ 子育ては期間限定のプロジェクト。「乳離れ 次にくるのは 父離れ」

13

▶ 欄外コーナー

FJメンバーから集めた体験談を紹介しています。
※子どもの人数、年齢は、2013年8月時点のものです。

▶ 今回のまとめ

「パパのギモン」に対応する形の、単元のまとめです。内容のおさらいに活用してください。

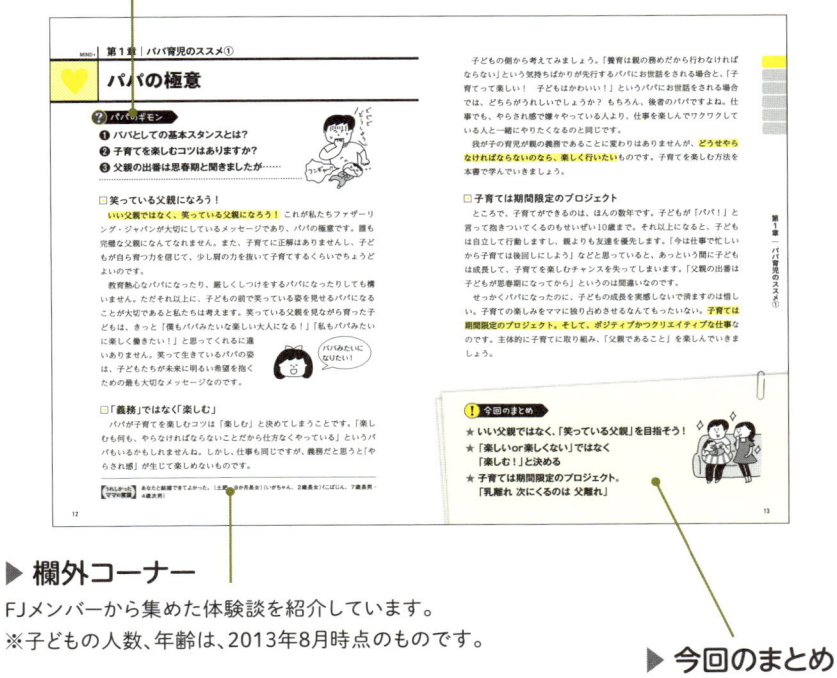

〈特別講座〉

様々な立場から子育てサポート活動を行っている講師陣による、パパへのメッセージです。先輩パパ・ママとしての経験も踏まえて語られているので、きっと参考になるはずです。

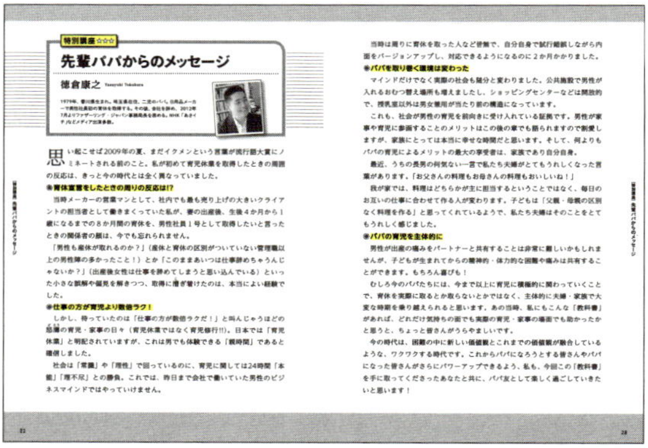
特別講座☆☆☆

先輩パパからのメッセージ

徳倉康之 Yasuyuki Tokukura

思い起こせば2009年の夏、まだイクメンという言葉が流行語大賞にノミネートされる前のこと。私が初めて育児休業を取得したときの周囲の反応は、きっと今の時代とは全く異なっていました。

※育休宣言をしたときの周りの反応は!?

当時メーカーの営業マンとして、社内でも最も売り上げの大きいクライアントの担当者として働きまくっていた私が、妻の出産後、生後４か月から１歳になるまでの８か月間の育休を、男性社員１号として取得したいと言ったときの関係者の顔は、今でも忘れられません。

「男性も産休が取れるのか？」（産休と育休の区別がついていない管理職以上の男性陣の多かったこと！）とか「このままあいつは仕事辞めちゃうんじゃないか？」（出産後女性は仕事を辞めてしまうと思い込んでいる）といった小さな誤解や偏見を解きつつ、取得に漕ぎ着けたのは、本当によい経験でした。

※仕事の方が育児より数倍ラク！

しかし、待っていたのは「仕事の方が数倍ラクだ！」と叫んじゃうほどの怒濤の育児・家事の日々（育児休業ではなく育児修行!!）。日本では「育児休業」と明記されていますが、これは男でも体験できる「親時間」であると確信しました。

社会は「常識」や「理性」で回っているのに、育児に関しては24時間「本能」「理不尽」との勝負。これでは、昨日まで会社で働いていた男性のビジネスマインドではやっていけません。

当時は周りに育休を取った人など皆無で、自分自身で試行錯誤しながら内面をバージョンアップし、対応できるようになるのに２か月かかりました。

※パパを取り巻く環境は変わった

マインドだけでなく実際の社会も随分と変わりました。公共施設で男性が入れるおむつ替え場所も増えましたし、ショッピングセンターなどは開放的で、授乳室以外は男女兼用が当たり前の構造になっています。

これも、社会が男性の育児を前向きに受け入れている証拠です。男性が家事や育児に参画することのメリットはこの後の章でも語られますので割愛しますが、家族にとっては本当に幸せな時間だと思います。そして、何よりもパパの育児によるメリットの最大の享受者は、家族であり自分自身。

最近、うちの長男の何気ない一言で私たち夫婦がとてもうれしくなった言葉があります。「お父さんの料理もお母さんの料理もおいしいね！」

我が家では、料理はどちらかが主に担当するということではなく、毎日のお互いの仕事に合わせて作る人が変わります。子どもは「父親・母親の区別なく料理を作る」と思ってくれているようで、私たち夫婦はそのことをとてもうれしく感じました。

※パパの育児を主体的に

男性が出産の痛みをパートナーと共有することは非常に難しいかもしれませんが、子どもが生まれてからの精神的・体力的な困難や痛みは共有することができます。もちろん喜びも！

むしろ今のパパたちには、今まで以上に育児に積極的に関わっていくことで、育休を実際に取るとか取らないとかではなく、主体的に夫婦・家族で大変な時期を乗り越えられると思います。あの当時、私にもこんな「教科書」があれば、どれだけ気持ちの面でも実際の育児・家事の場面でも助かったかと思うと、ちょっと皆さんがうらやましいです。

今の時代は、困難の中に新しい価値観とこれまでの価値観が融合しているような、ワクワクする時代です。これからパパになろうとする皆さんやパパになった皆さんがさらにパワーアップできるよう、私も、今回この「教科書」を手に取ってくださったあなたと共に、パパ友として楽しく過ごしていきたいと思います！

〈パパのあるあるQ&A〉

FJメンバーへのアンケートで集まった質問に、講師陣が回答します。

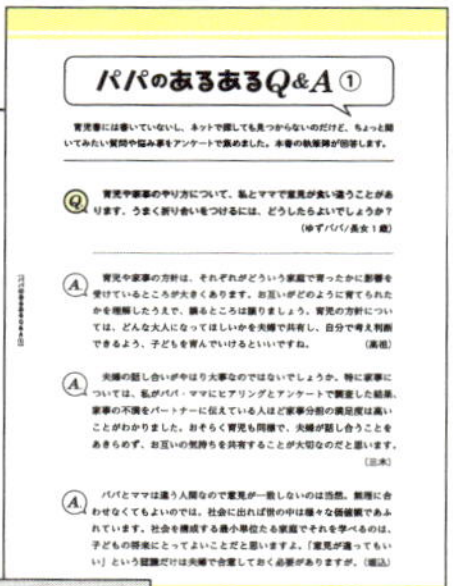
パパのあるあるQ&A ①

育児書には書いていないし、ネットで探しても見つからないのだけど、ちょっと聞いてみたい質問や悩み事をアンケートで集めました。本書の執筆陣が回答します。

Q 育児や家事のやり方について、私とママで意見が食い違うことがあります。うまく折り合いをつけるには、どうしたらよいでしょうか？（ゆずパパ／長女１歳）

A. 育児や家事の方針は、それぞれがどういう家庭で育ったかに影響を受けているところが大きくあります。お互いがどのように育てられたかを理解したうえで、譲るところは譲りましょう。育児の方針については、どんな大人になってほしいかを夫婦で共有し、自分で考え判断できるよう、子どもを育んでいけるといいですね。（高祖）

A. 夫婦の話し合いがやはり大事なのではないでしょうか。特に家事については、私がパパ・ママにヒアリングとアンケートで調査した結果、家事の不満をパートナーに伝えている人ほど家事分担の満足度は高いことがわかりました。おそらく育児も同様で、夫婦が話し合うことをあきらめず、お互いの気持ちを共有することが大切なのだと思います。（三木）

A. パパとママは違う人間なので意見が一致しないのは当然。無理に合わせなくてもよいのでは。社会に出れば世の中は様々な価値観であふれています。社会を構成する最小単位たる家庭でそれを学べるのは、子どもの将来にとってよいことだと思いますよ。「意見が違ってもいい」という認識だけは夫婦で合意しておく必要がありますが。（堀込）

〈パパ192人アンケート〉

本書の製作に当たり、FJメンバーと地域のパパサークルのメンバー192人を対象に子育てアンケートを実施しました。その結果を発表しています。「子育てに真剣なパパたちの実態」から、学ぶ点や考えさせられる点があるかもしれませんよ。

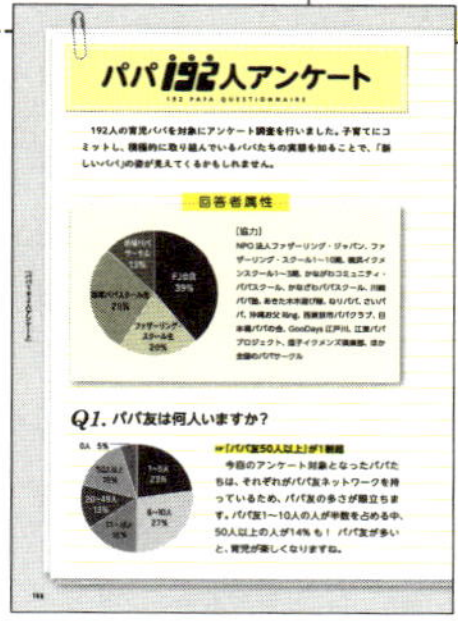
パパ192人アンケート

192 PAPA QUESTIONNAIRE

192人の育児パパを対象にアンケート調査を行いました。子育てにコミットし、積極的に取り組んでいるパパたちの実態を知ることで、「新しいパパ」の姿が見えてくるかもしれません。

回答者属性

Q1. パパ友は何人いますか？

※「パパ友50人以上」が1割超

今回のアンケート対象となったパパたちは、それぞれがパパ友ネットワークを持っているため、パパ友の多さが際立ちます。パパ友1～10人の人が半数を占める中、50人以上の人が14%も！ パパ友が多いと、育児が楽しくなりますね。

※本書は一部を除き2013年8月時点のデータに基づいています。

第1章 パパ育児のススメ

なぜ、パパも育児に積極的に取り組むべきなのでしょうか。まず、パパ育児の基本的な考え方を説明します。

MIND ▶▶▶

パパの極意

パパのギモン

❶ パパとしての基本スタンスとは？

❷ 子育てを楽しむコツはありますか？

❸ 父親の出番は思春期と聞きましたが……

笑っている父親になろう！

いい父親ではなく、笑っている父親になろう！ これが私たちファザーリング・ジャパンが大切にしているメッセージであり、パパの極意です。誰も完璧な父親になんてなれません。また、子育てに正解はありませんし、子どもが自ら育つ力を信じて、少し肩の力を抜いて子育てするくらいでちょうどよいのです。

教育熱心なパパになったり、厳しくしつけをするパパになったりしても構いません。ただそれ以上に、子どもの前で笑っている姿を見せるパパになることが大切であると私たちは考えます。笑っている父親を見ながら育った子どもは、きっと「僕もパパみたいな楽しい大人になる！」「私もパパみたいに楽しく働きたい！」と思ってくれるに違いありません。笑って生きているパパの姿は、子どもたちが未来に明るい希望を抱くための最も大切なメッセージなのです。

「義務」ではなく「楽しむ」

パパが子育てを楽しむコツは「楽しむ」と決めてしまうことです。「楽しむも何も、やらなければならないことだから仕方なくやっている」というパパもいるかもしれませんね。しかし、仕事も同じですが、義務だと思うと「やらされ感」が生じて楽しめないものです。

うれしかったママの言葉 あなたと結婚できてよかった。（土肥、9か月長女）（いがちゃん、2歳長女）（こばじん、7歳長男・4歳次男）

子どもの側から考えてみましょう。「養育は親の務めだから行わなければならない」という気持ちばかりが先行するパパにお世話をされる場合と、「子育てって楽しい！　子どもはかわいい！」というパパにお世話をされる場合では、どちらがうれしいでしょうか？ もちろん、後者のパパですよね。仕事でも、やらされ感で嫌々やっている人より、仕事を楽しんでワクワクしている人と一緒にやりたくなるのと同じです。

我が子の育児が親の義務であることに変わりはありませんが、どうせやらなければならないのなら、楽しく行いたいものです。子育てを楽しむ方法を本書で学んでいきましょう。

子育ては期間限定のプロジェクト

ところで、子育てができるのは、ほんの数年です。子どもが「パパ！」と言って抱きついてくるのもせいぜい10歳まで。それ以上になると、子どもは自立して行動しますし、親よりも友達を優先します。「今は仕事で忙しいから子育ては後回しにしよう」などと思っていると、あっという間に子どもは成長して、子育てを楽しむチャンスを失ってしまいます。「父親の出番は子どもが思春期になってから」というのは間違いなのです。

せっかくパパになったのに、子どもの成長を実感しないで済ますのは惜しい。子育ての楽しみをママに独り占めさせるなんてもったいない。子育ては期間限定のプロジェクト。そして、ポジティブかつクリエイティブな仕事なのです。主体的に子育てに取り組み、「父親であること」を楽しんでいきましょう。

今回のまとめ

★ **いい父親ではなく、「笑っている父親」を目指そう！**

★ **「楽しいor楽しくない」ではなく「楽しむ！」と決める**

★ **子育ては期間限定のプロジェクト。「乳離れ 次にくるのは 父離れ」**

パパになるということ

パパのギモン

❶ パパが育児をすることによるメリットは何？
❷ パパとママで子育ての違いはありますか？
❸ 父親の自覚が乏しいのが自分でも悩みです

パパの育児はよいことずくめ

パパが子育てをすることで、どのようなメリットがあると思いますか？

まず、**子どもの健やかな発育にとてもよい影響を与えます。**パパも積極的に育児に関わることで、子どもの興味や関心が広がり、多様な世界に触れることができます。また、パパが自分を愛してくれているんだと実感すると、子どもの自己肯定感が育まれます。パパの育児が子どもに安心感を与え、子どもの心が安定することで、非行防止にもよい影響を及ぼすとされています。

ママにとっても、パパの育児には大きなメリットがあります。パパが育児をすることで、**ママに時間的な余裕が生まれると共に、精神的にもゆとりが生まれて子育てに前向きな気持ちになれます。**下の調査にあるように、パパの育児について「もっとやってほしい」と思っているママと「すごくやってくれる」というママでは、育児ストレスに大きな差があります。

パパは家事はやってくれるけど、育児ももっとやってほしいママ

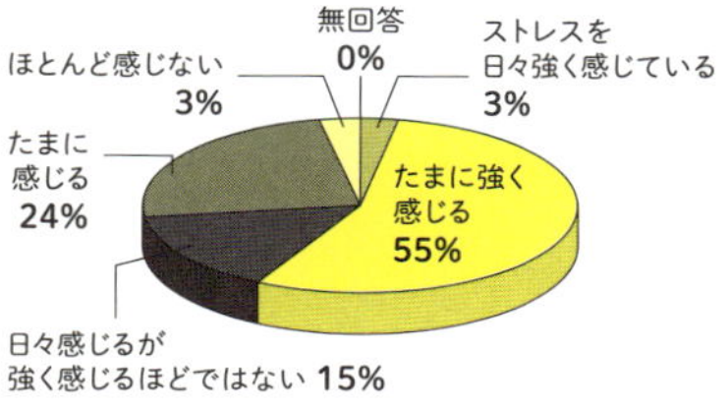

出典：インターネットサイト「こそだて」アンケート調査、2008年

パパは育児・家事とも、すごくよくやってくれるというママ

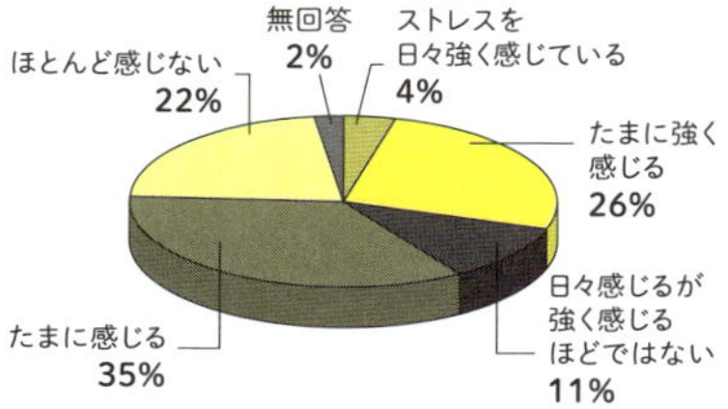

出典：インターネットサイト「こそだて」アンケート調査、2008年

うれしかった ママの言葉　ありがとう。（瀧本、3歳長男・1歳長女）

子育てでパパは幸せになれる

そして何より、パパが子育てに関わることで、パパ自身の人生が豊かになります。「人生の幅が広がった」「毎日が幸せになった」「自分の親に感謝した」など、パパになった喜びをかみしめている人はたくさんいます（→P.171）。パパの育児は、子どもやママにはもちろん、パパ自身にもよいことばかり。**育児は父親として育てられる「育父」でもあるのです。**

父性と母性

それでは、「パパらしい育児」とはどのようなものなのでしょうか？ パパとママの役割の違いは、父性と母性で考えるとわかりやすいでしょう。

子育てに必要なバランス

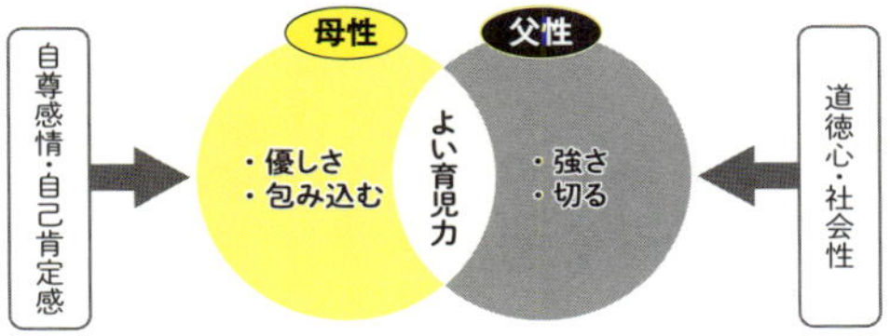

父性は社会性や道徳心を養います。「これはしてはいけない」「こうしなければならない」といった社会のルールやマナーを教えます。一方、母性は子どもの自己肯定感や自尊感情を育みます。子どもを優しく包み、ありのままの子どもの姿を受け入れ、絶対的なやすらぎを与えるのが母性です。

母性に偏りすぎると甘えん坊で自立できない人間が育ち、父性に偏りすぎると幼児性や攻撃性が出てくるといわれることもあります。子どもの健全な発育には、父性と母性のバランスが大切です。

父性と母性は、男女にかかわらず、誰もがもっているものです。母性的なパパ、父性的なママでもよいのです。ただ、一人で二役をこなすのは困難なので、夫婦で話し合い、パパが叱り役、ママがフォロー役というように役割分担するとよいでしょう。パパとママから同時に責められると、子どもは逃げ場を失います。パパとママの役割は違っていてもよく、**パパが「二人目のママ」になる必要はないのです。**また、シングルの場合は、親戚や地域の人などとの関わりの中で、母性や父性を補完することも可能です。

そして、母性的な育児は往々にして、子どもを守ろうという気持ちが強いあまり、転ばぬ先の杖《つえ》で何事にも先回りしてしまう傾向があります。度を過

うれしかったママの言葉 あなたのおかげやわ、この子らが育ったの。（和田、9歳長女・5歳次女）

ぎると、子どもの冒険心やチャレンジ精神が育まれません。一方、父性的な育児は、より長いスパンで大きな視野に立って子どもの成長を待つことができます。**「かわいい子には旅をさせよ」的な父性の育児を、パパがもっと発揮してもよいのではないでしょうか。**

男性は「父親になる」のがスロー

「父親になった」と自覚したのはいつでしたか？ 子どもができても「自分が父親になった」という実感が薄いというパパは一定数います。

女性には、妊娠したときからつわりや胎動、出産を経て、授乳をしながら母親になっていくという明確なプロセスがあります。一方、男性にはそうした父親になるためのプログラムがありません。

父親の自覚って
なかなか生まれ
ないものなのね。

「妊娠中の妻の前でたばこを吸ったら“父親の自覚がない！”ときつく叱られた」と失敗談を語るパパがいましたが、ママと違ってパパは妊娠の体感がないので、自覚に乏しいのはある意味で仕方がないことなのです。

パパ・スイッチON！

男性は自然に「父親になる」わけではありません。**男性の育児には「パパ・スイッチ」が必要です。**パパ・スイッチとは“I'm a father!”と目覚める瞬間のことで、スイッチのタイミングは人それぞれ。強烈な体験によってスイッチONしたパパもいれば、いつの間にかじわじわと点灯したパパもいます。一度だけでなく、何度もスイッチが入ることもあります。

いずれにしても共通するのは、**「パパは自らの体を動かし、心で感じることで、父親になる」**ということです。ママと違って、パパは意識的に父親になるための行動を起こさねばなりません。そしてパパ・スイッチが入った後は、どのパパも家族を以前よりも大切に思い、子どもをさらに慈しむ気持ちになり、妻への愛情が増して、家族がよりハッピーになっていきます。

うれしかったママの言葉 あなたを誇りに思っている。（コヂカラ・パパ、15歳長男）

パパ・スイッチを入れる方法

パパ・スイッチが入った人に、いつスイッチが入ったかを尋ねてみました。ランキングは下記の通りです。

パパ・スイッチが入ったのはいつですか？（複数回答可）

1位	赤ちゃんの子育て中に（添い寝や沐浴のときなど）	75人
2位	妻の妊娠中に	64人
3位	立ち会い出産で	45人
4位	パパ向け講座や講演会	44人
5位	パパ友や先輩パパの話を聞いて	26人

出典：パパ192人アンケート

赤ちゃんが生まれたら、ゆったりした時間のペースで、赤ちゃんの香りや肌触りを感じながら過ごすのがお勧めです。父親になった喜びがじわじわと湧いてきて、パパ・スイッチが入ることでしょう。「赤ちゃんをお風呂に入れていて、我が子の手が本当に小さいことに気づき、か弱い命を守らねば！と思ったらパパ・スイッチが入った」というパパもいました。

妻が妊娠中のプレパパのときからスイッチが入る人もいます。妻の妊婦健診に付き添ったり、ベビー用品やおもちゃを選んだりしていると、スイッチが入りやすくなります。また、立ち会い出産でスイッチが入るパパは多く、立ち会いをぜひお勧めします（→P.53）。自治体などで行われる父親向けの子育て講座に参加し、先輩パパから子育て体験を聞くのもよい方法です。

ちなみにパパ・スイッチは、ピンチのときに入ることもあります。ママが入院したことで子育てを一手に引き受けたあるパパは、強ボタンでスイッチが入ったそうです。

! 今回のまとめ

★ パパが育児をするとパパ自身もハッピーに

**★ 父性と母性のバランスが大切！
パパとママで役割分担しよう！**

**★ 体を動かし、心で感じて
「パパ・スイッチ」を入れる**

子育てを取り巻く社会の変化

パパのギモン

❶ 国が男性の育児に力を入れているのはなぜ？

❷ 自分の父親は育児をしなかったけど……

❸「親父の背中」を見せるだけではダメですか？

男の育児は国家事業

「イクメン」という言葉を聞いたことがある人は多いと思います。それでは、「イクメン」が国家プロジェクトであることは知っていましたか？ 厚生労働省は2010年より「イクメン・プロジェクト」を推進しています（→P.150）。

なぜ政府は男性の育児に積極的なのでしょうか？ その大きな理由は少子化対策です。近年、未婚率が上昇して、結婚する人が減り、出生率も下がっています。子どもの数が減り、日本人の人口は50年後には8674万人、100年後には4286万人になるという予測もあります。合わせて高齢者比率も高まる中、労働者人口が減って税収が減少すると財政が破綻します。また、人口が減るということは、日本の市場が縮小するということであり、少子化が進めば日本企業の業績は上がらず、景気の回復は望めません。

日本の人口推移

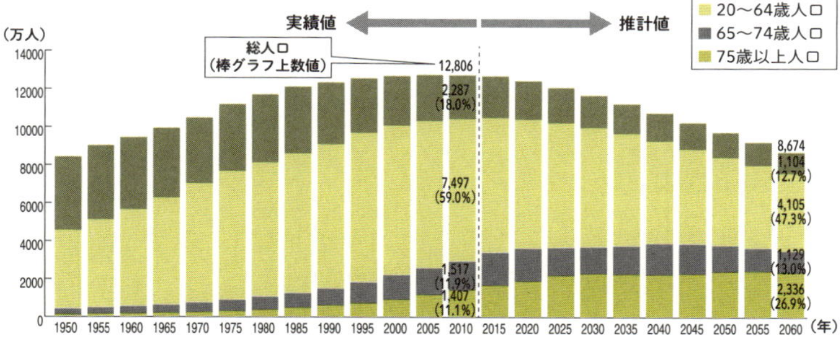

出典：内閣府

うれしかったママの言葉　「毎日幸せだね」とホワイトボードに書いていた。（玉那覇、10歳長女・7歳長男）

イクメンは少子化ニッポンを救うヒーロー!?

そうした中、「少子化ニッポンを救うのは“イクメン”である」と注目されています。「パパが育児に積極的であると二人目以降が生まれやすくなる」という調査があります。一人目の育児のときにパパが関わらないと、ママは「こんなに大変な育児はもうたくさん！」と二人目を考えることに前向きになれません。でも、パパが子育てに熱心だと、「この人となら、二人目、三人目と子どもを産んでも大丈夫」という気持ちになれるというものです。

夫の家事・育児時間が長いほど、第2子以降の出生割合が高い

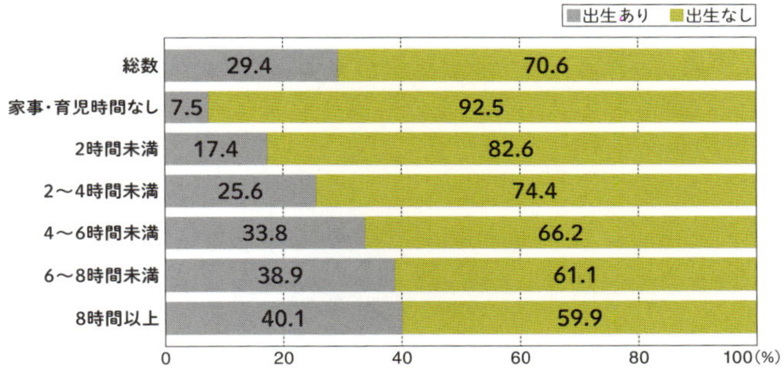

出典:厚生労働省（2007年）

日本人男性の育児時間は世界最低水準！

政府は男性の育児休業の取得率のほか、男性の家事・育児の時間にも注目しています。世界的に見て日本のパパの家事・育児時間は極めて短く、欧米のパパが家事・育児に一日2～3時間を費やしている一方、日本のパパは1時間にとどまります。政府はこれを2020年までに2時間半にすることを目標にしています。

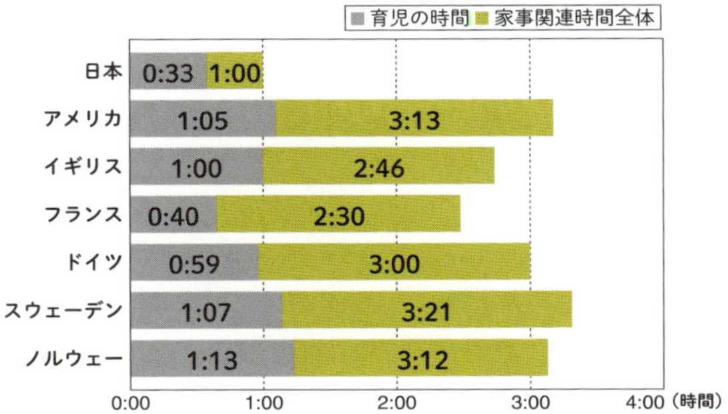

出典:厚生労働省（2012年）

うれしかった ママの言葉　ありがとう、一緒にいて楽しいね。（天野、6歳長女・次女）

育児をしない男は「いくじなし」!?

イクメン・プロジェクトを始める前、1999年に厚生省（当時）が「育児をしない男を父とは呼ばない」というキャンペーンを行ったことがありました。また、「私は“育児なし”の父親です」というキャッチフレーズをつけたこともありました。でも、こうした「あるべき論」の押し付けでは、男の育児は広がりませんでした。今、「イクメン」ブームの後押しでパパが育児するようになったのは、社会情勢と価値観の変化によるところが大きいと考えられます。

頑固カミナリ親父時代　（〜1950年）
- 家父長制、上げ膳据え膳、封建的な振る舞い
- 背中で語る、『巨人の星』星一徹

モーレツ・サラリーマン時代　（〜1990年）
- 高度成長期〜バブル期、企業戦士と銃後の妻
- 24時間働けますか？　亭主元気で留守がいい

イクメン時代　（〜現在）
- 仕事と子育ての両立
- 男性の育休取得促進

かつての「いくじなし」な父親がいけなかったのかといえば、そういうわけではありません。「男のあるべき生き方」が時代と共に変わったのです。昔は「頑固カミナリ親父」があるべき父親でした。その後、モーレツ・サラリーマンの時代が来て、「亭主元気で留守がいい」とCMで謳《うた》われた時期もありました。しかし核家族化が進み、子育てが「孤育て」になっている今、パパが仕事と子育ての両立を考える時代になったといえるでしょう。

OSを入れ替えよう！

そうはいっても、昔ながらの「男は仕事、女は家庭」という価値観はまだまだ根強く残っています。2012年実施の世論調査では、「夫は外で働き、妻は家庭を守るべき」という性別役割分業の考え方に賛成する人が、反対する人を上回りました。

夫は外で働き、妻は家庭を守るべきか？

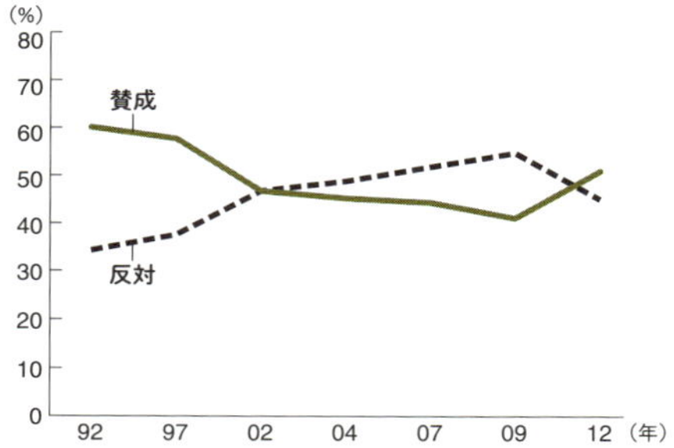

出典:内閣府

しかし、共働き家庭が多くなった今、「男女が共に働き、共に育てる」のは、もはやスタンダードな夫婦のあり方になりつつあります。あなたがもし「父

うれしかった ママの言葉　柔軟に変われる人は安心。（柳澤、4歳長女・2歳長男）

親は一家の大黒柱として稼いでくればいい」といった考えをもっているとしたら、「旧バージョンのOS（オペレーションシステム）」が入っている証拠です。ぜひ、これを機会に**古い父親像をアンインストールして、“新しいパパ”のOSを入れてください。**

今どきの子育てはいろいろなソフト（抱っこアプリ、絵本読み聞かせアプリなど）が必要です。「男は背中で語る」という旧バージョンのOSのまま子育てをすると、フリーズしてしまいます。また、「浮気は男の甲斐性《かいしょう》」と旧バージョンが誤作動を起こしたら、ママからシャットダウンされるという悲劇を迎えることでしょう。

パパ業ほど素敵な仕事はない

パパ業は地球で最も素敵な仕事です。家族を守り、ママを支え、子どもの笑顔を育む仕事は、パパ以外にできません。もちろん、会社の仕事も大事ですが、自分が抜けても会社には代わりがいます。しかし、家族でパパの代わりを任せられる人などいません。

パパ業の報酬は「子どもの笑顔」。「パパ、大好き！」と子どもから言われたら、なんともいえない幸せな気持ちが湧いてくるでしょう。**「妻の感謝」**という報酬もあります。子育ての苦楽を共にするパートナーとなることで夫婦の結束が強まり、いわば戦友のような固い絆《きずな》が生まれることでしょう。かつてはどうであれ、現代は父親が育児に積極的に関わる時代なのです。

今回のまとめ

★ おむつ替えは国家のためにもなる！

★「あるべき父親像」のOSを
バージョンアップ！

★ パパの報酬は「子どもの笑顔」と
「妻の感謝」

特別講座☆☆☆

先輩パパからのメッセージ

徳倉康之 Yasuyuki Tokukura

1979年、香川県生まれ。埼玉県在住、二児のパパ。日用品メーカーで男性社員初の育休を取得する。その後、会社を辞め、2012年7月よりファザーリング・ジャパン事務局長を務める。NHK「あさイチ」などメディア出演多数。

思い起こせば2009年の夏、まだイクメンという言葉が流行語大賞にノミネートされる前のこと。私が初めて育児休業を取得したときの周囲の反応は、きっと今の時代とは全く異なっていました。

◉育休宣言をしたときの周りの反応は!?

当時メーカーの営業マンとして、社内でも最も売り上げの大きいクライアントの担当者として働きまくっていた私が、妻の出産後、生後４か月から１歳になるまでの８か月間の育休を、男性社員１号として取得したいと言ったときの関係者の顔は、今でも忘れられません。

「男性も産休が取れるのか？」（産休と育休の区別がついていない管理職以上の男性陣の多かったこと！）とか「このままあいつは仕事辞めちゃうんじゃないか？」（出産後女性は仕事を辞めてしまうと思い込んでいる）といった小さな誤解や偏見を解きつつ、取得に漕《こ》ぎ着けたのは、本当によい経験でした。

◉仕事の方が育児より数倍ラク！

しかし、待っていたのは「仕事の方が数倍ラクだ！」と叫んじゃうほどの怒濤《どとう》の育児・家事の日々（育児休業ではなく育児修行!!）。

社会は「常識」や「理性」で回っているのに、育児に関しては24時間「本能」「理不尽」との勝負。これでは、昨日まで会社で働いていた男性のビジネスマインドではやっていけません。

当時は周りに育休を取った人など皆無で、自分自身で試行錯誤しながら内面をバージョンアップし、対応できるようになるのに２か月かかりました。

そして、日本では「育児休業」と明記されていますが、これは男でも体験できる「親時間」であると確信しました。

◉パパを取り巻く環境は変わった

マインドだけでなく実際の社会も随分と変わりました。公共施設で男性が入れるおむつ替え場所も増えましたし、ショッピングセンターなどは開放的で、授乳室以外は男女兼用が当たり前の構造になっています。

これも、社会が男性の育児を前向きに受け入れている証拠です。男性が家事や育児に参画することのメリットはこの後の章でも語られますので割愛しますが、家族にとっては本当に幸せな時間だと思います。そして、何よりもパパの育児によるメリットの最大の享受者は、家族であり自分自身。

最近、うちの長男の何気ない一言で私たち夫婦がとてもうれしくなった言葉があります。「お父さんの料理もお母さんの料理もおいしいね！」

我が家では、料理はどちらかが主に担当するということではなく、毎日のお互いの仕事に合わせて作る人が変わります。子どもは「父親・母親の区別なく料理を作る」と思ってくれているようで、私たち夫婦はそのことをとてもうれしく感じました。

◉パパの育児を主体的に

男性が出産の痛みをパートナーと共有することは非常に難しいかもしれませんが、子どもが生まれてからの精神的・体力的な困難や痛みは共有することができます。もちろん喜びも！

むしろ今のパパたちには、今まで以上に育児に積極的に関わっていくことで、育休を実際に取るとか取らないとかではなく、主体的に夫婦・家族で大変な時期を乗り越えられると思います。あの当時、私にもこんな「教科書」があれば、どれだけ気持ちの面でも実際の育児・家事の場面でも助かったかと思うと、ちょっと皆さんがうらやましいです。

今の時代は、困難の中に新しい価値観とこれまでの価値観が融合しているような、ワクワクする時代です。これからパパになろうとする皆さんやパパになった皆さんがさらにパワーアップできるよう、私も、今回この「教科書」を手に取ってくださったあなたと共に、パパ友として楽しく過ごしていきたいと思います！

◎コラム

ファザーリングで大切なこと

安藤 哲也 ファザーリング・ジャパン副代表理事（ファウンダー）
Tetsuya Ando

父親が積極的に子育てすると、それまで見えなかったことが見えてきます。子どもの成長によい影響があるのはもちろん、家族や夫婦の絆《きずな》が強まりますし、男性が家事に勤《いそ》しむことで生活力が磨かれます。また、家庭という枠を超えて学校のPTAや地域活動に参画すれば、会社では味わえない達成感を得られ、一生付き合える隣人ネットワークができます。そうしたことによって父親自身の世界が広がり、人間としての幅も広がって、それが本業の仕事にも生かされることは間違いありません。

このように父親が子育てに主体的に関わることは「いいことずくめ」なのに、とても残念なことですが、子育てに全く興味がない男性がまだまだたくさんいます。そういった男性には、「父親を楽しもう」「地域で父性を発揮しよう」という発想もありません。

そういう僕も、もともと子どもが好きではありませんでした。でも、35歳で娘が生まれたときに、直感として「育児は義務ではなく、楽しい権利ではないか」と思ったのです。子どものいる暮らしをめいっぱい楽しみたい、主体的に子育てに関わることで、ひょっとしたら親として、大人として自分が成長できるのではないか、という予感がしたのです。

長女を授かったと知った翌日、絵本を100冊買って娘の誕生を待ちました。当時、書店をやっていたので絵本は商品として扱っていましたが、全然違うものに見えてきたのです。そして、10年くらい前にファザーリング・ジャパンの前身となる「パパ's絵本プロジェクト」をパパ友３人で結成して活動を始め、僕自身の生き方が変わっていきました。

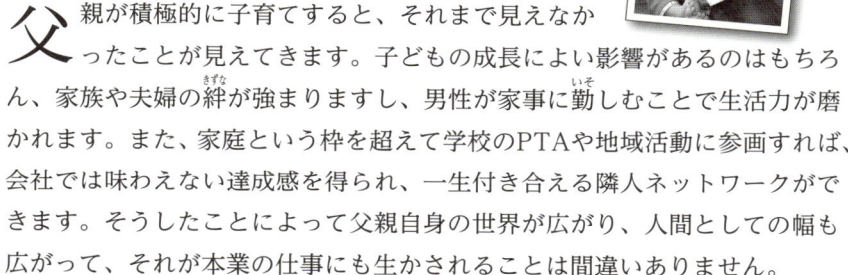

■OSを入れ替えよう！

子育てを楽しむには、古くて固い父親（夫）像を追い出し、「自分こそが新しい父親モデルになる」といったくらいに強引な意識改革が必要です。

父親になったら、独身の頃と同じことをしていてはダメです。僕も20代の頃は仕事に没頭していましたが、まずは「男は仕事、女は家事・育児」といった古い価値観をアンインストールし、自分の中のOS（オペレーション・システム）を入れ替えなければと悟りました。講演で全国を回っていると「子育てが始まって妻と不和に陥った」という男性が多いのですが、「それはあなたの能力や向き不向きの問題ではなく、OSの問題なのだ」と伝えると、皆大きくうなずきます。

OSが古いと「ワーク・ライフ・バランス」という言葉も間違った捉え方をしてしまいます。僕も子育てをしてみて初めてわかったのですが、「仕事か生活か」のどちらかを取る二者択一ではなく、自分なりのハッピーバランスを考え、それらが融合して人生を形作るように考えることが大事なのです。仕事も子育ても自分の人生と捉えるならば、毎日双方がスムーズに運ぶようにマネジメントすることが必要です。

ただ、幼少期の育児をする時期と、仕事の責任が増すタイミングは重なるものです。子どもが生まれたって仕事はおもしろいし、「男のロマン」的なものを追いかけたい気持ちもあります。そこで、「育児は母親の仕事。男は外で稼いで家族を養うのが、父親の役割だ」などと思い込んで、家庭をほったらかしにして仕事一筋に生きても、今の時代に家族は幸せにはなれませんし、自分の人生だって楽しめません。

■カッコいい父親の笑顔を見せる！

育児するパパ＝“イクメン”という呼び名が定着し、父親自身の価値観が変化してきたと感じます。でも、イクメン・ブームはまだ過渡期で、「育児をしているパパ」と「相変わらず育児をしていないパパ」に二極化しているのも事実です。育児をたくさんしたり、育休を取ったりしさえすればよいかというと、決してそういうわけではありませんし、育児をほとんどしていないパパを責めるつもりもありません。

要は、ママも家族も笑顔になれているかどうかということが大切です。イクメンがブームだからといって、ほかの家のパパと育児や家事の量を比べるのではなく、我が家のハッピーバランスを見つけましょう。

子どもの成育環境も激変しています。昔の子どもは地域の中でたくさんの大人に見守られながら、のんびりと成長することができました。でも、今は違います。地域に多様な大人、特に男性は見当たりません。家庭でも、子どもは常に時間に追われる生活を強いられています。だからこそ、父親の存在が昔以上に大切です。

父親であることを、もっとエンジョイしましょう。仕事はもちろん大切かもしれないけれど、家族の時間や地域のつながりも大切にし、人生を前のめりで生きるカッコいい父親の「笑顔」を見せることです。自分の人生を肯定する笑顔こそが、夫婦間のパートナーシップや子どもの自尊心を育み、地域の再生にもつながります。そうすれば男性自身だって、仕事一辺倒ではない楽しい人生を送ることができると考えます。家族の幸せを第一に考え、仕事もほどほどに楽しく暮らす。これこそが、誰にでもできる最も基本的な父親のあり方ではないでしょうか。

■若きパパの遺志を継いで

本書を制作している最中の2013年8月13日、大切な友人の一人だった井岡パパこと、井岡和海さんが心筋梗塞で急逝しました。享年32歳でした。

井岡パパはファザーリング・ジャパン関西の事務局長として辣腕をふるい、「笑《わ》ろてる父親」を増やすべく精力的に活動していました。家庭や地域、仕事でもやりたいことがたくさんあったはずなのに、最愛の妻と子どもを残して天国に旅立ち、さぞ無念だっただろうと思います。奈良で行われた葬儀には関西だけでなく、名古屋や東京からも仲間がかけつけ、故人を偲《しの》びました。

井岡パパがよく語っていたことがあります。

「笑っている父親を増やして、世の中を明るくするんだ。」

僕らは彼の遺志を継ぎ、ファザーリングの活動にさらに励み、日本中に「笑顔の家族」をもっともっと増やしたい、と改めて胸に刻みました。

少子化対策、女性の活躍支援、児童虐待防止など、あらゆる社会問題において、父親の意識と行動がキャスティングボートを握っていると感じます。子どもが生まれ、父親になったときが生き方を見直すターニングポイントです。父親が変われば、家庭が変わる、地域が変わる、企業が変わる、そして、社会が変わる。「新しいパパ」の出番を社会は待っています！

第2章 パートナーシップ

育児は夫婦が手を携えて行うもの。
パートナーシップのあり方について、
改めて考えてみませんか。

MIND ▶▶▶

夫婦のあり方を再考する

? パパのギモン

❶ ママは何をしたら喜ぶの？ 助かるの？
❷ 週末の育児は頑張っているつもりなのに……
❸ 育児を手伝っているのにママから評価されない

パパ育児の要は「ママのケア」

「育児や家事をしさえすればママは喜んでくれるはず」と考えてはいませんか？　でもママたちの本音は「パパが育児してくれるのは助かるけれど、それよりもっと私にねぎらいの声かけをしてほしい」かもしれません。

パパの育児は右の図のような三角形でとらえましょう。まずはママに気遣いを示して、夫婦のパートナーシップの土台を築くことが大切です。そのうえで育児や家事の実践に励み、初めて子育てへの共感を夫婦で分かち合うことができるのです。**パパは「ママのケア」を最優先に考えましょう。**

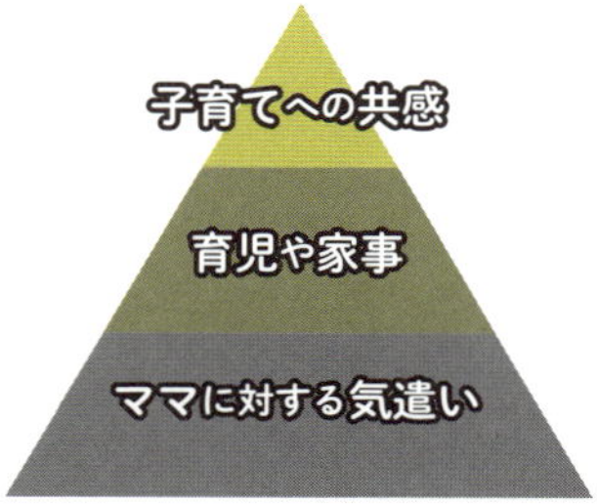

ママが求めているのは「共感」と「受容」

パパは常日頃から、ママに対して気遣いを示すことが大切です。メールで帰る時刻を毎日連絡したり、出張があればおみやげを買って帰ったりするなど、こまめなフォローを心がけましょう。また、限られた時間であっても夫婦のコミュニケーションの時間を確保し、ママがどのようにしたいのか、どうしてほしいのかを理解する姿勢を持ちましょう。時として子育て中のママは、子どものことで頭がいっぱいになっていることもあります。だからこそ、パパがママの話に耳を傾け共感することで、ママの気持ちが楽になり、パパ

うれしかったママの言葉　もう一度結婚するとしても一緒になりたい。（くるしま、13歳・10歳・8歳・6歳男）

への信頼感が増すことでしょう。

そして、「頑張ってね」といった指示文で声かけするのではなく、「いつも頑張ってくれているね」と受容する声かけをすると、ママはホッとした気持ちになるはずです。「いつもありがとう」「助かっているよ」など、ねぎらいの言葉を、遠慮することなくママに伝えましょう。

「いいとこ取り育児」にならないように

仕事で帰宅が遅いパパたちの育児は、どうしても休日が中心となります。その際、パパは週末だけの「いいとこ取り育児」にならないように気をつけましょう。子どもと遊んで喜ぶ姿や笑顔を見ると、仕事のストレスが発散され、子育てのモチベーションは上がると思います。でも、子育ては楽しい部分だけではありません。ぐずったりむずかったりする子どもの相手は大変です。時には叱ったり、病気のときは看病したりと、子育てには苦労や心配がつきものです。

子育ての楽しさだけでなく、苦労やしんどさも共有してこそ、夫婦の信頼関係が培われます。

ママはパパのことをどう説明している?

週末も仕事で忙しくて育児の時間がとれないパパもいることでしょう。そういうパパが気をつけたいポイントがあります。それは、「自分が仕事で不在のときに、ママがパパのことを子どもにどう説明しているか」です。かつてのモーレツ・サラリーマンの時代は、パパが仕事やゴルフで家にいなくても、ママは子どもたちに「パパが外で頑張ってくれているから我が家は幸せなのよ」と言い聞かせたものでした。

でも、イマドキのママは違います。パパの帰りがいつも遅いと「パパ、今日も遅いね」とつぶやいた後、子どもが男の子なら「パパみたいになったらダメよ」、女の子なら「パパみたいな人と結婚しちゃダメよ」と子どもに語りかけています。あるいは、母子家庭状態となっている寂しさに、ひとりさ

うれしかった ママの言葉　お父ちゃん、ちゃんと子育てできてるで。（島津、2歳長女）

めざめと泣いているかもしれません。ママが泣いている状況で、週末に時間のできたパパが「よし、土日は子どもと遊ぶぞ！」と気合いを入れても、子どもは「コイツ（パパ）はママのことをいじめている悪いヤツだ」と言って向き合ってくれない、なんてことになるかもしれないのです。

「手伝ってあげようか」はNGワード

ママに「手伝ってあげようか？」と声をかけたら怒られた、といった経験はありませんか？　パパとしては好意で言ったつもりでも、実は、**「手伝う」の言葉の裏には「育児はママの役目であり、オレの仕事ではない」という意識が隠れており、その態度にママはカチン！ とくるのです。**

たとえ「手伝おうか？」のNGワードがパパの口から出たとしても、パパがおむつを替えたり、寝かしつけをしたりしていれば、ママはそれほど腹を立てません。でも、「手伝おうか？」と口にしつつ、「うんちしてるよー」「○○ちゃん泣いてるよー」と言うだけで動かなければ、さすがにママも怒ってしまいますよね。育児にはお手伝いの感覚ではなく、シェアする意識で臨みたいところです（→P.123）。

また、「育児に“参加”する」、「家事に“協力”する」という言葉もよく耳にしますが、この表現も望ましくありません。“参加”や“協力”を語るパパからは、当事者意識が伝わってこないからです。**参加者気分で関わるのではなく、主体性をもって育児と家事にコミットするパパを、ママは頼もしく感じます。**

さらば「家族サービス」

かつての父親たちは、「家族サービス」とよく口にしていました。仕事で頑張って疲れているのに、たまの休みに妻と子どもと出かけて家族のために尽くすお父さんは偉い、とほめられたものです。

しかし、「家族サービス」も今やNGワードです。なぜなら、家族は奉仕サービスを提供すべき「お客様」ではないからです。家族サービスを口にするパパにとって、家族は「週末のお客様」になっているのかもしれません。運転手や撮影係で満足するパパではなく、家族と一緒になって楽しむパパでありたいものです。

うれしかったママの言葉　あなたは本当にイクメンだよ☆（織田、1歳長女）

ホームがアウェイになっていませんか?

古いOS（→P.20）の父親は、ホーム（家庭）がアウェイ（敵地）になっている可能性があります。子ども中心の生活になって家庭に居場所がなくなったと感じ、職場の方が居心地がよいので必要以上に残業をしたり、上司や取引先との話題は盛り上がるのに、夫婦の会話はなかったりします。

しかし、そんなパパにもいずれ会社から離れるときがやってきます。そのとき、家庭や地域がアウェイになっていれば、パパの居場所はありません……。

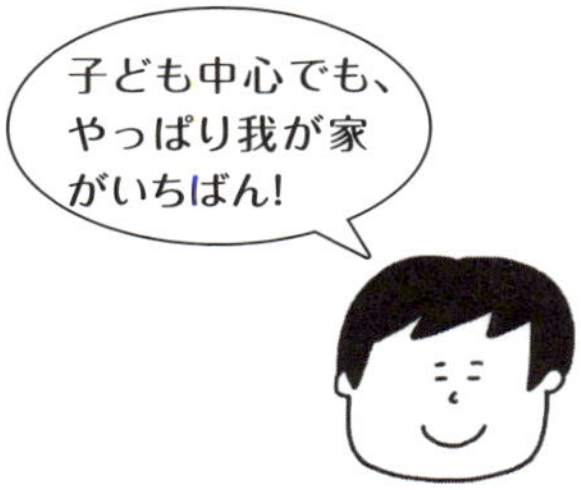
子ども中心でも、
やっぱり我が家
がいちばん!

パパが子育てにコミットし、ママとの会話を欠かさないことで、家庭は定年後もずっと、居心地のよいホームになるのです。

「マイホームパパ」でもいいじゃないか

「マイホームパパ」という言葉が、以前は否定的なニュアンスで受け取られたものでした。家族の都合よりも仕事の付き合いを優先すべし、と上司から圧力をかけられた人もいたでしょう。

しかし、今ではイクメンのブームを経て、マイホームパパのライフスタイルが肯定される社会になってきました。家族を大切にし、育児を楽しんでいることをパパが堂々と語っていい世の中になったといえるでしょう。

現代は共働き世帯が主流となり、男は仕事だけをしていればいい時代ではありません。イマドキの育児は、夫婦がツートップ態勢で互いの持ち味を生かしながら、支え合うチームプレーが必須です。**子育ての喜びを共有し、苦労を乗り越えながら、充実感や達成感を味わいましょう。**

! 今回のまとめ

★ パパが何より重視すべきは「ママのケア」
★ 育児には「手伝う」「参加する」ではなく「シェア」「コミット」の意識で臨もう！
★ 夫婦で子育てをすれば、楽しさ倍増！しんどさ半減!!

ミルク作ったよ
おむつ替えるね

パパとママはこんなに違う

パパのギモン

❶ なぜ女性の話は長く、結論がないのか？

❷ ママによかれと思ってしたことが裏目に……

❸ 夫婦のコミュニケーションのズレはなぜ起こる？

子育て中のママの悩みは「大人と会話がしたい！」

「もっと夫婦で話をしたい」とママから言われたことはありませんか？パパとしてもその気持ちはあるのだけれど、ママから子育ての悩みを延々と聞かされると、付き合いきれないこともありますよね。

ところで、子育てに専念しているママは「大人と会話したい！」という切実な悩みを抱いています。子どもが赤ちゃんの頃や、子どもが病気のときなど、どうしても自宅に閉じこもりがちなママは、日中におしゃべりする大人がいないのです。

夜になってパパが帰宅すると、「会話したい欲求」がたまっているママは待ってましたとばかりに「今日はこんなことがあって、あんなことがあって……」と話しかけてくるでしょう。でも、仕事で疲れたパパはママの会話の勢いについていけず、早くお風呂に入って、ビール片手にテレビのスポーツニュースに直行したい気分。そうして、「パパは私の話をちっとも聞いてくれない！」とママの不満が残る日々が繰り返される結果、夫婦のパートナーシップに亀裂が生じ始めます。

帰宅した途端にママが一気に話しかけてくる理由

男性と女性ではコミュニケーションの仕方が異なる傾向があるといわれて

うれしかったママの言葉 あなたが大変なときは私が頑張るわ。（ようちゃん、1歳長男）

います。男女の違いを知っておくことは、円滑な夫婦のコミュニケーションを図るうえで有効です。前ページのケースでは、「男は一日８千語、女は一日２万語を話す」という調査結果が参考になります（参照：『話を聞かない男、地図が読めない女』アラン・ピーズ、バーバラ・ピーズ著／主婦の友社）。

ママには２万語を話したいコミュニケーション欲求があるのですが、日中は子どもの世話に費やしており、話がほとんどできていません。そこで、帰宅したパパに対して一気にコミュニケーション欲求を満たそうとするわけです。しかし、仕事の打ち合わせなどで８千語を使い果たしているパパは、ママと会話する余力が残っていないのです。平日はなかなかゆっくりママの話を聞く余裕がないというパパは、休日に会話の時間を十分に設けるように心がけてください。

そもそも女性は男性より話したいのだから、夜に多弁になるのは当然だよなあ。

男は「問題解決」、女は「共感性」を志向する

「男女の違い」の大きな傾向として、男性は「問題解決」、女性は「共感性」を志向するといわれています。例として、働いているママの「実は今日、仕事で嫌なことがあったの」から始まる夫婦の会話を挙げましょう。

ママの仕事の苦労話を聞いたパパは、ママのためにまず問題解決を考えます。ママの状況を救うべく様々な案を練り、ナイスなアドバイスを授けることができると、パパはヒーローになった気分に浸れます。

しかし、このときママが求めていたのは「大変だった私の気持ちをわかってほしい」という共感でした。ママはただ話したかっただけなのに、「そんなに仕事が嫌なら辞めてもいい」と結論づけられたりすると、がっかりします。ママが望んでいたのは、夫婦で感情を分かち合うことだったのです。

ここだけはぜひパパに知っておいてもらいたいのですが、夫婦の日常会話でアドバイスは不要なのです。ママが望んでいるのは、パートナーが自分の目を見て（スマートフォンを見ながらではなく）、自分の話にうなずきながら、最後まで口をはさまず、親身になって聴いてくれることなのです。

うれしかった ママの言葉　私もパパのこと大好きだよ。（早朝型レインボーパパ、5歳長男・1歳次男）

夫婦のコミュニケーションのズレを防止

ママの話を聞きながら、合間に「で、結論は？」「結局、何が言いたいの？」と口をはさんだりしていませんか？ ここでも夫婦のコミュニケーションでズレが生じないようにする必要があります。

男性のコミュニケーションは直線的で、単刀直入に結論から話すことを望みます。しかし、女性は感じたことをとりとめもなく話すのが好みで、必ずしも会話に結論を求めていません。仕事のシーンであればともかく、夫婦の会話に論理的な考え方は適していないことがほとんどです。

また、ママからよく聞くパパへの不満が「察してほしい」です。「言われなくてもやってくれたらいいのに……」とママは思っているのです。女性のコミュニケーションの特徴として、遠回しな表現を使うことがあります。「洗濯物が山になっているね」という言葉は、「畳んでくれたら助かるんだけど」という意味に置き換えてみてください。ただ、パパは具体的・直接的に言われないとわからないこともあるので、ママが不満そうなら、「僕にできそうなことはある？」と逆に尋ねてみるのも一つの手です。

男性と女性の違い

	男性	女性
志向性	・問題解決	・共感性
コミュニケーション	・直線的な表現 ・結論から話す	・婉曲的《えんきょくてき》な表現 ・必ずしも結論は求めない
行動の特徴	・一点集中型	・同時進行型

女性は同時進行型、男性は一点集中型

ところで、男性と女性では、脳の構造が少し異なるともいわれています。女性は左脳と右脳をつなぐ脳梁《のうりょう》という器官が男性よりも太いために、左脳と右脳の情報交換がすばやくでき、同時進行で物事を進めるのが得意といわれています。一方、男性は一つのことに集中する方が得意です。例えば、ママは掃除機をかけながら洗濯をして、子どもの支度をしながら食事を準備することもできますが、パパにはそうした器用なことがなかなかできません。

パパは一点集中型なので、テレビを見ているときにママに話しかけられて

うれしかった ママの言葉　仕事は代わりがきくけど、家であなたの代わりはおらんのよ。（うっかりパパ、6歳長女・1歳次女）

も、ちゃんと聞けないのは仕方ありません。そこで、**テレビを見ているときにママに話しかけられたらいったん画面から目を離し、話を聴く姿勢を見せる**のがよいでしょう。ママと話す時間や家族との時間には、テレビを消すのも一案です。

サプライズよりも日常的なことを

「サプライズでプレゼントをしてあげたらママは喜ぶはず」と考えているパパはいませんか？ 実は違うのです。**ママがパパに求めているのはサプライズではなく、もっと日常的なことです。**

ママからの得点を上げるには細かな積み重ねが重要で、まめにメールを送ったり、家でも何気ない声かけを怠らなかったりすることがポイントです。例えば「愛してる」という言葉も、パパは「恋人時代に一度言ったから言わなくてもわかっているはず」と考えがちですが、毎日でも「愛してる」と言ってほしいと思っているママもいます（→P.169）。

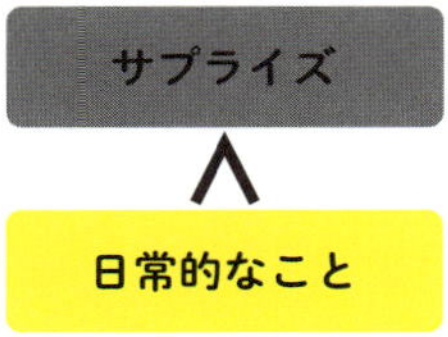

三人の息子の育児に奮闘しているママをねぎらうべく、温泉旅行を企画したパパの話を紹介しましょう。パパとしてはママに最高のプレゼントをしたつもりでしたが、移動中も子どもの世話で疲れ果てたママは、旅館に着いた途端に倒れてしまいました。救急車で運ばれながら、ママはうわごとのように、こうつぶやいたそうです。「私はこんな温泉より、あなたが毎日早く帰ってきて、息子たちをお風呂に入れてくれる方がありがたかった……」

あなたは日頃から、ママのケアをしていますか？

! 今回のまとめ

★ **ママはパパに子育ての相談に乗ったり、悩みを聞いたりしてほしい**

★ **夫婦の会話でアドバイスは不要である**

★ **妻の話を最後まで黙って聴こう！（スマホなどを見ながらではなく）**

よりよいパートナーシップを築くために

パパのギモン

❶ 夫婦ゲンカをせずに済ませる方法は？

❷ ママに言ってはいけない禁句を教えて！

❸ 出産後に離婚してしまう原因は？

夫婦ゲンカをしないで済む方法

夫婦ゲンカをしないで済ませるための簡単な方法があります。それは、**「売り言葉に買い言葉をしない」**ということ。つまり、ケンカのきっかけを作らないことです。

「ラストストロー（最後の藁《わら》）」という言葉があります。ラクダの背中にぎりぎりまで荷を積んでしまうと、最後に藁一本を追加しただけでラクダの背中が折れてしまいます。夫婦ゲンカはこの最後の藁のように、ささいな出来事で始まるケースが多いのです。ケンカに至るまでにパートナーへの不平不満が積み上がっており、それがささいなきっかけで爆発してしまうわけです。

ママのコップは満たされていますか？

ママの心をコップの水にたとえてみましょう。ママの気持ちが満足するとコップの水位は上がります。逆に空っぽになるとママの不安や不満が高まり、夫婦ゲンカが勃発しやすくなります。
では、どのようなことをすれば、ママのコップは満たされるのでしょう？

例えば、パパが育児や家事を必死に頑張っても、ママのコップは満たされないことがあります。ママが望んでいるのは育児や家事よりも「私への気遣い」だったりするからです。つまり、**ママの望むこと（需要）とパパが行うこと（供給）を一致させる**必要があるのです。

うれしかった子どもの言葉　だこ！（抱っこしてという意味）（島津、２歳長女）

▣ ママが「してほしいこと」「してほしくないこと」

まず第一にママが求めているのは、「共感」と「受容」です（→P.28）。パパが自分の話を最後まで聴いて、喜びや悲しみの感情に共感してくれると、ママのコップは満たされます。続いてママが欲しているのは「私を大切に扱ってほしい」ということ。**ママに自己重要感を持たせる働きかけをすることが大切です。**

自己重要感というと大げさな表現ですが、難しく考える必要はありません。誕生日や記念日を忘れないのは当然ですが、ママがしてくれたことにお礼を言う、小さなことでもほめる、認めるなど日常の言葉かけでコップの水位は上がります。マッサージなどのスキンシップもポイントアップに大きく貢献します。

逆に、ママがしてほしくないのは、自分に関心を持ってもらえないこと。パパに話しかけても無視されたり、適当にあしらわれたら、次に話しかける意欲がなくなります。美容院に行ったのに、ママに言われるまで髪型を変えたことを気づかないパパは、減点対象です。

▣ 水漏れ確実！　コップのヒビを深める禁句

パパのちょっとした一言で、ママのコップにヒビが入り、水が漏れてしまうことがあります。

例えば、ママがいろいろと話したことに対して、パパは「だからさあ、それは○○っていうことじゃないの？」「それは○○すれば済むことでしょ？」などと言いがちですが、他人事《ひとごと》のように発言されるとママはカチンときます。男性のコミュニケーションは直線的で結論を求める傾向がありますが、それをいかにセーブできるかが勝負どころです（→P.34）。

ほかにも、「結局、大丈夫だったんだ。よかったじゃん」といった、結果オーライの言い方をするのもNG。ママはプロセスの苦労や努力を認めてほしいからです。

うれしかった子どもの言葉　父ちゃん、お帰り！　遅い時間までお仕事大変だね。（風船野郎、10歳長女・長男）

「ママ目線」でコップの水量アップ！

ママとの会話で必要なのは「ママ目線」です。つまり**「ママ」を主語にした会話を心がけ、ママの言葉を鏡のように伝え返すことで、ママは安心します**（ミラーリングと呼ばれるコミュニケーション技法です）。

前述の会話であれば、「○○っていうことじゃない」は、「君は○○って思うんだね」とママ目線で要点を繰り返すのです。「○○すれば済むことでしょ」なら、「君は○○したいんだね」と伝え返します。「結局、大丈夫だったんだ」の言い換えは少しレベルが高いのですが、ママの気持ちを察して「いろいろ大変だったんだね」と苦労をねぎらう言葉かけができればベストです。そうすると、ママは自分の気持ちが受け入れられたと感じ、心が満たされてコップの水量がアップします。

夫婦ゲンカで「沈黙は金《きん》」ではない

ママのコップを満たすことで、夫婦ゲンカの発生を少なくできます。ただ、子育て中の家庭ではいろいろな事件が起きますし、仕事のストレスもある中で家庭のトラブルや夫婦で意見の相違があったときなど、夫婦ゲンカが起きるのは仕方ありません。

ちなみに、夫婦ゲンカが始まって劣勢になると、「沈黙は金」とばかりにだんまりを決め込むパパがいます。しかしながら、この作戦はあまり有効ではありません。押し黙っているパパの姿にママはかえっていらつき、どんどん怒りがエスカレートすることがあるからです。黙っているパパを前に、ママの感情がヒートアップして「あのときもそうだった……！」と過去にさかのぼって怒りが拡大し始めると、収めるのが難しくなってしまいます。

夫婦仲直りのコツ

夫婦ゲンカは、**お互いにルールや仲直りの仕方を前もって決めておく**のがよいでしょう。例えば、ケンカをするときには相手を徹底的にやりこめない、子どもの前ではケンカしない、どちらかが笑ったら負けで夫婦ゲンカをやめる、など。「夫婦ゲンカになりそうな話し合いをするときは、冷静さを保つ

うれしかった子どもの言葉　お父さんみたいな人ってそうそういないもんね。（trenchtown、18歳長女・10歳次女・5歳長男）

ために家ではなくファミレスで行うことにしている」というパパもいました。

夫婦ゲンカをした後に、仲直りのタイミングをつかめないこともあります。ママに対して改まっては謝りにくいと感じたら、花を贈っておわびするなど、言葉に頼らない仲直りの方法もお勧めです。

そして、**喧嘩をした後には必ず、子どもの前で仲直りした姿を見せること**を忘れないようにしてください。パパとママが仲良くしている姿を見ることが、子どもたちは大好きなのです。

暴力は絶対にふるってはいけない

夫婦ゲンカで感情が高ぶっても絶対にしてはいけないのが、ママに対する暴力です。配偶者を殴る、暴言を吐く、一方的にセックスを強いるなどの家庭内暴力はDV（ドメスティック・バイオレンス）と呼ばれ、夫のDVで苦しんでいる女性はたくさんいます。DVは、パパとして、夫として、人として、絶対にやってはいけない行為です。欧米では結婚のときに、手を上げたら離婚すると決めているカップルが多いと聞きます。

DVは、被害者を肉体的かつ精神的に傷つけるのはもちろんですが、それを見ている子どもにも深い傷を残します。母親が殴られたり、怒鳴られたりするのを見ると、「自分がいけない子だからママが殴られるんだ」と感じるのです。また、自分の気に入らないことがあったら暴力で解決すればいいと、子どもに教えることにもなってしまいます。

産後クライシスに要注意！

幸せな家庭を夢見て結婚しても、残念ながら離婚に至るケースもあります。日本では一年に約23万組の夫婦が離婚します（厚生労働省 平成24年人口動態統計）。婚姻件数は約67万組ですから、単純計算では３分の１の夫婦が離婚していることになります。とりわけ昨今は、出産後に夫婦関係が悪化し、離婚の危機を迎えるケースが増えており、「産後クライシス」と名付けられています。

産後のママは体も心も調子を崩しており（→P.56）、新生児のデリケート

うれしかった子どもの言葉　「パパはいろんなことができてすごい」と作文に書いてくれた。（和田、９歳長女・５歳次女）

な育児が求められる中、パパが育児に非協力的な言動をすると、ママは非常に傷つきます。そして、何年たっても「私がいちばん大変だったときに、あなたは何もしてくれなかった！」と非協力的だったパパに恨みを抱き続けることになります。

産後の大変な時期に、パパが育児・家事を率先して行い、ママをねぎらって家庭をしっかり支えましょう。そうすることで、ママからの信頼と愛情を育み、クライシスを回避することができます。

都市部の女性

産後に離婚したいと思ったことがある？

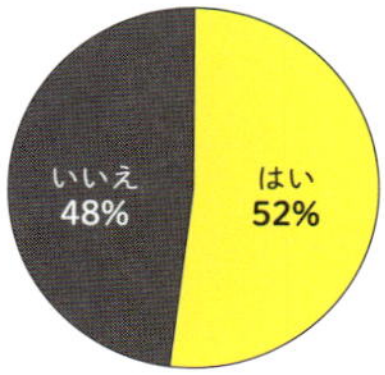

調査:NPO法人マドレボニータ

パパの育児は離婚防止のリスクヘッジ!?

子育てにパパが関わると、夫婦のパートナーシップが強化されることによるメリットを享受できます。東レ経営研究所 渥美由喜さんの調査によると、出産後、女性の愛情は子どもに向かい、夫に対する愛情は薄れてしまいます。しかし、夫が乳幼児期までの子育てにしっかり関わることで、次第に妻からの愛情は回復します。逆に、育児に関わらないと愛情は低迷し続けます。「将来、夫と離婚しようと考えることがあるか」という設問に対し「ある」と答えた人の割合を見ると、愛情低迷グループの潜在的熟年離婚リスク（72%）は、愛情回復グループ（0.4%）の実に180倍にもなります。

パパの育児は20年先を見越した離婚防止のリスクヘッジでもあるのです。

女性の愛情曲線

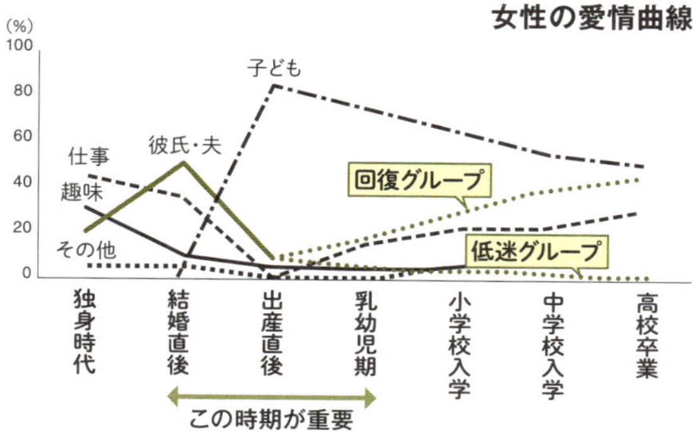

出典:渥美由喜「夫婦の愛情曲線の変化」アンケート調査（2002年）

うれしかった子どもの言葉　今日の弁当、おいしかったよ！（コヂカラ・パパ、15歳長男）

パートナーを指す言葉

ところで、本書では「ママ」という呼び方をしていますが、あなたは同僚や友人との会話の中で、パートナーのことをどう呼んでいますか？　「ママ」ですか？ それとも「妻」？

そのほか、「嫁」「奥さん」「カミさん」「家内」など、様々な呼び方があります。昔の父親であれば「うちのあれ」で妻を指していたかもしれませんが、今ではあり得ません。また、その字面から「嫁」「家内」といった呼び方を嫌がる女性もいます。**外でどんな呼び方をされるのがよいか、一度パートナー本人に尋ねてみてもよいでしょう。**

パートナーを名前で呼んでみませんか？

パートナー本人との会話では、ぜひ名前で呼んでみてください。「ママ」ではなく、恋人同士だった頃のように名前で、もしくは当時のニックネームで。

「○○ちゃんのママ」「お母さん」としか呼ばれなくなり、大人の女性として扱われないことで、つらい思いをしている女性はたくさんいます。パパ自身に置き換えてみれば、たまに「○○ちゃんのパパ」と周りに言われるのはうれしいと思いますが、どこに行っても誰からも「パパ」としか呼ばれないとしたら、なかなかつらいのではないでしょうか。

せめてパパはパートナーに「ママ」ではなく、名前で呼びかけたいところです。ママ自身の生き方を尊重する意思をこめて。パパに夢があってやりたいことがあるように、ママにもやりたいことがあります。パートナーが大人の女性として輝いて生きることができるように、パパはママの応援団になりましょう。

! 今回のまとめ

- ★ **ママのコップを満たす働きかけ、言葉かけをしよう！**
- ★ **夫婦ゲンカはルールを決めて。産後クライシスに要注意**
- ★ **パートナーを名前で呼ぶのが「新しいパパ」スタイル**

特別講座☆☆☆

ママからのメッセージ

林田香織 Kaori Hayashida

ロジカル・ペアレンティング LLP 代表。三人の子育ての傍ら米国にてペアレンティングとパートナーシップについて学び、現在はペアレンティング＆パートナーシップアドバイザーとして、パートナーシップ、子育てをテーマに自治体などでセミナー講演を行う。

この子の笑顔を見ると本当に癒されるな～。あるパパが、仕事から帰宅した自分をよちよち歩きで出迎えてくれた愛らしい我が子を抱きかかえながら、言いました。その言葉を聞いたママが、沈んだ声でつぶやきました。「その笑顔を一日中見ているのに、私はちっとも癒やされない」。パパは、ママにかける言葉が見つかりませんでした。

◉ママは心から笑っていますか？

子どもを抱っこしているママが心から笑っているか、よく観察してみてください。そして、思い出してください。彼女に出会い、恋に落ちた日のことを。彼女のことが大好きで、寝ても覚めても彼女のことを考え、全てが素敵でいとおしく思えたあの頃。ところが結婚し、子どもが生まれて「恋人」から「妻」、「ママ」へと彼女が変わると、「以前のように関心が持てない」とつぶやくパパがよくいます（全ての男性がそうなるわけではありません）。

ママも、「母親」になったことで「女性」として心も体も反応できなくなることがあります。また、子育てが大変な時期はパパもママも余裕がなくなり、お互いに愛し合う気分ではいられないかもしれません。仕事と家事と育児と、綱渡りのような毎日を送っている子育て世代にとって、夫婦がいたわり合う気持ちを常に持ち続けることは容易ではありません。

◉夫婦の会話が業務連絡になっていませんか？

子どもが生まれると、夫婦の会話がスケジュール調整と伝達事項ばかりになりがちです。新婚のときのようなたわいもない二人の会話は激減。手をつなぐどころか、お互いの目を見ることすらなくなってしまいます。

二人がいつまでもお互いに関心を持ち続け、愛し、いたわり合う関係でいるために、それぞれの立場を理解するように努めましょう。思いやることがスタート地点です。相手に関心を向けることが大切です。そして、相手に関心を持っていることを、言葉だけではなくスキンシップを通しても伝えると効果的です。例えば次のように。

パートナーの目を見て話す。パートナーにほほえむ。パートナーとアイコンタクトをする。パートナーの手を握る。パートナーと手をつなぐ。パートナーの肩を抱く。パートナーの背中に手を当てる。パートナーの髪を触る。パートナーの頬に触れる。

夫婦のパートナーシップが育まれ、ママが情緒的にも肉体的にも満たされると、安心感と幸福感が生まれ、子育てにも前向きな気持ちになれます。

◉パートナーに「大好き！」と言おう

パートナーシップがなくなった夫婦には、次のような特徴があります。

目を見ない。嘲笑を浮かべる。無視。関心がない。話を聞かない。ため息をつく。必要がなければ近づかない。

これらの行動は、「君には関心がない」というネガティブなメッセージを送っているのと同じです。

パパが家事・育児をしないことで夫婦の信頼度が低下することはあります。でも、家事や育児をパパがしていたとしても、パートナーに対して無関心でいては、夫婦の信頼関係は強まりません。家事や育児よりも、ママに対する何気ない、自然なスキンシップを普段の生活から心がけ、パートナーに関心を示すことが大切です。

相思相愛の恋人同士から、思いやりに満ちた人生のパートナーへ進化した夫婦。そんな二人が土台となった家庭の中で、子どもたちも自然と人を愛し、思いやる心が養われます。

最後にパパたちに、とっておきのアドバイスを贈ります。お子さんに「誰がいちばん好き？」と聞かれたら、迷わず「ママだよ！」と言いましょう。そのとき、きっとママの表情は笑顔になっているはずです。

パパのあるあるQ&A ①

育児書には書いていないし、ネットで探しても見つからないのだけど、ちょっと聞いてみたい質問や悩み事をアンケートで集めました。本書の執筆陣が回答します。

Q. **育児や家事のやり方について、私とママで意見が食い違うことがあります。うまく折り合いをつけるには、どうしたらよいでしょうか？**

（ゆずパパ/長女１歳）

A. 育児や家事の方針は、それぞれがどういう家庭で育ったかに影響を受けているところが大きくあります。お互いがどのように育てられたかを理解したうえで、譲るところは譲りましょう。育児の方針については、どんな大人になってほしいかを夫婦で共有し、自分で考え判断できるよう、子どもを育んでいけるといいですね。（高祖）

A. 夫婦の話し合いがやはり大事なのではないでしょうか。特に家事については、私がパパ・ママにヒアリングとアンケートで調査した結果、家事の不満をパートナーに伝えている人ほど家事分担の満足度は高いことがわかりました。おそらく育児も同様で、夫婦が話し合うことをあきらめず、お互いの気持ちを共有することが大切なのだと思います。

（三木）

A. パパとママは違う人間なので意見が一致しないのは当然。無理に合わせなくてもよいのでは。社会に出れば世の中は様々な価値観であふれています。社会を構成する最小単位たる家庭でそれを学べるのは、子どもの将来にとってよいことだと思いますよ。「意見が違ってもいい」という認識だけは夫婦で合意しておく必要がありますが。（堀込）

Q. **家族でいるときに仕事の電話がかかってくることが多く、状況に応じて電話に出たり出なかったりと対応しているのですが、どのようにするのがよいでしょうか？**　（天野パパ/長女６歳、次女６歳）

A. 僕は周囲に「夕方16時以降は（家族タイムなので）電話に出ませんから」と公言しています。講演でもそんな話をしていますが、ほとんど電話はかかってこなくなりましたよ。こちらのスタンスを伝えることが、まずは大切です。（安藤）

A. 着信の相手を見て緊急度の高そうな場合は、家族に「ごめんね」と言ってから出るようにしたらどうでしょう。よほど急用なら留守番電話にメッセージが残っているはずなので、コールバックで問題ないのでは。家族との時間はかけがえのないものですからね。（滝村）

Q. **地域の父親活動を熱心に行っていますが、妻から「外面（そとづら）ばかり！」と叱られました。「外面のイクメン」にならないで済む方法を教えてください。**（早朝型レインボーパパ/長男５歳、次男１歳）

A. 「やりすぎイクメン」とか「イクメンもどき」とママに言われたパパを知っていますよ。やらないよりはやった方がいいので、家族最優先を肝に銘じつつ、父親活動も頑張ってみてください。ママに注意されたら、しばらく活動を自粛して反省を示すのがよいと思います。（徳倉）

A. 私も週末は講座やイベントで家にいない日が多く、妻から「我が家のファザーリングはどうなっているの！」と叱られます。その分、家事に励み、娘を会場につれていくなど努力しています。ワーク・ライフ・バランスより、ワーク・「ワイフ」・バランスの方が大変です。（東）

Q. **パパ友と定期的に集まろうと思って、飲み会から始めました。でも、なかなか継続しません。どうしたらうまく続けられるのでしょうか？**

（うっかりパパ/長女６歳、次女９か月）

A. パパだけで勝手に楽しんでいると思われると、ママの理解や協力は得られないものです。例えば夜８時集合にして、子どもにごはんを食べさせ、お風呂に入れて、家の用事を済ませてからスタートするのはどうですか？ 欧州のパパたちはそうしていますよ。（安藤）

A. 地域パパ活動の鉄則は「ゆるく」行うこと。でも、単なる飲み会じゃ盛り上がらないですね。イベントを仕掛けるといいですよ。私の地元では、10校のオヤジの会による野球大会とか、力士を呼んで子どもたちと餅つき大会などをしました。あと、子どもが小学生ならPTAにもトライするといいですよ。いい社会勉強ができること間違いなし。（川島）

Q. **妻が妊娠し、出産してから夜の営みが減りました。ほかの皆さんはどのようにしているのでしょうか？**（のっぽパパ/長女２歳）

A. 出産・育児をきっかけに「その気になれない」という話はよく聞きます。「面倒」「疲れている」などが大きな理由のようです。お悩みなら、ママにねぎらいの言葉をかけたり、夜も手をつないで寝たりするなどのスキンシップから始めてみては？ 焦らず、でもあきらめず。（林田）

A. これは、パパ飲み会で盛り上がるネタの一つですね。パパとママそれぞれの気持ちや体の問題があってデリケートな話題ですが、夫婦の数だけ様々な工夫があっておもしろいです。まずは、パパ友たちと成功・失敗談を共有し、参考にしてみてはいかがでしょうか。（塚越）

第3章
パパのための子育て基礎知識

パパだからこそ、
知っておくべきことがあります。
パパ育児の基礎知識をしっかりと
身につけておきましょう。

KNOWLEDGE ▶▶▶

ママの妊娠がわかったら

パパのギモン

❶ 妊婦健診にパパもついていく必要はある？
❷ 自分が産まないのに、職場への報告は必要？
❸ 両親学級には、行かなければいけないの？

妊娠がわかったときの反応は、とても大切！

「妊娠かな？」と思うのは、もちろん女性の方が先のはず。どのタイミングで言おうか、気持ちを受け止めてくれるのか、どんな反応をするんだろう？ と、ドキドキのママも少なくありません。

「赤ちゃんが欲しい」という気持ちをすでに夫婦共通で持っている場合は、「もしかして妊娠？」というタイミングから、パパに相談するかもしれません。でも、赤ちゃんのことはまだ考えていなかったり、「しばらくは二人の生活を楽しもう」なんて話していた矢先……という場合、パートナーであるママ自身、戸惑って、漠然とした不安でいっぱいになっていることでしょう。

だからこそ、パパの反応がとても大事です。もちろんパパだって、聞いた瞬間いろいろな思いが渦巻くはず。そんな思いを飲み込みつつ、「やった～!!」なんて笑顔で抱きしめてくれたら、ママはどんなにか安心できることでしょう。

妊娠がわかったときは、すでに妊娠3か月！

「十《と》月《つき》十《とお》日《か》」といわれるように、妊娠期間は約10か月です。

妊娠週数は最終月経（生理）をもとに決められるのが一般的です。４週間ごとに妊娠○か月と数えていきます。４週ごとに妊娠月数が増えていくので、実際の暦とはちょっとずれていきます。ということで、「生理が遅れているかな」と思った時点で、すでに妊娠２か月後半または妊娠３か月。この頃は

うれしかった子どもの言葉　大好きなんだよ！ と何度も言ってくれた。（ゆいたんパパ、4歳長女）

ママの自覚症状もほとんどありません。

とても敏感な人は早めに気づくこともありますが、ほとんどは、生理が遅れて「あれ？」と気づきます。たいていの場合、まずは薬局やドラッグストアで売っている妊娠検査薬で確認して、その後、産婦人科で診断してもらうことになります。妊娠検査薬の反応はあくまで目安なので、陽性が出たら、早めに産婦人科を受診するよう勧めましょう。

産婦人科の受診は、パートナーも初めてということが多いでしょう。ママ一人で行くケースが多いのですが、**ぜひ、「一緒に行こうか」と声をかけてください。**結果的にパパが同行しなかったとしても、その言葉はきっとママに勇気と安心感を与えるはずです。

妊娠週数の数え方

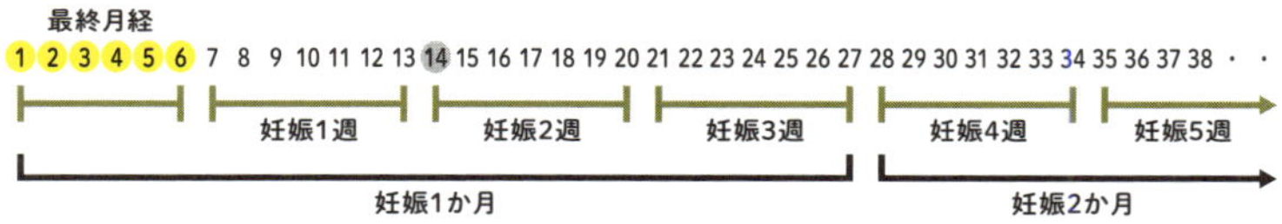

ママのつわりや気持ちへの配慮が、子育てのスタート！

妊娠がわかってしばらくすると、多くのママがつわりを経験します。つわりは、人によって個人差があり、ほとんど食事を食べられなくなったり、吐いてしまったり、偏食になったりするなど、症状は様々です。重症の場合は入院になることもあります。つわりの期間も人それぞれで、ほとんど感じない人もいますし、数週間だったり、長い人は、妊娠がわかってすぐから出産近くまで続くという人もいます。

さらに妊娠中は、おなかの赤ちゃんを育てるために、ホルモンのバランスも大きく変化し、不安になったり、イライラしたりしやすくなります。また、自分で体や気持ちをコントロールするのが難しくなることがあります。

妊娠初期には、つわりとメンタルバランスの乱れというダブルパンチがきて、ママはとても不安定になることが少なくありません。**ママの様子をキャッチし、ねぎらい、家事をサポートすること。**それがおなかの子どもを健やかに育むことにもつながるのです。

うれしかった子どもの言葉　パパ好き！（天野、6歳長女・次女）（いがちゃん、2歳長女）

職場への報告は、安定期に入った頃が目安

妊娠4か月後半から妊娠5か月くらいになると「安定期」と呼ばれる時期に入ります。ということは、それ以前は、流産の可能性もある不安定な時期だったということです。おなかが大きく目立ってくるようになると、「サポートしなくちゃ」と思うものですが、実はそれまでの時期こそ大切なのです。

安定期に入ったら、職場にも報告しておきましょう。 ただし、ママのつわりが大変な場合は、上司に早めの時期から伝えておくのも一案。「妻の体調が悪いので帰ります！」と突然聞かされると、上司もびっくりしてしまいます。あらかじめ「妻が妊娠しました。体調が不安定なようなので、調子が悪い日は早めに帰らせていただくことがあるかもしれません」と伝えておけば、配慮してくれることでしょう。

また、**ママが専業主婦だったり、自分が育児休業を取らなかったりする場合でも、職場への報告は早めに済ませること。** 妊娠には、切迫流産（流産になりかけること）や、切迫早産（早産になりかけていること）などもあり、急に入院するという事態もあり得ます。

両親学級に積極的に参加しよう！

母親学級や両親学級は、産院や地域の自治体、保健所などで実施されています。最近ではパパの参加を促している自治体も多くあります。**地域のパパに巡り合えるチャンスでもあるので、両親学級にはぜひ参加しましょう。** 自治体で実施している両親学級については、広報紙やホームページなどで、情報を入手してください。

自治体や各地のＮＰＯなどが開講するパパスクールも増えているので、ぜひ足を運んでみましょう。ファザーリング・ジャパンでも、父親学校を2009年から開校しています。

パパが参加できる場って、実はいろいろあるんだな～

ベビー用品はママと相談しながら

ベビー用品は多種多様。日常のお世話グッズ選びは、おそらくママが主導

うれしかった子どもの言葉　オトチャン、大好き！（藤森、13歳長男・8歳長女・次女）

権をとると思いますが、任せっきりにしないことが大切です。**安定期に入ったら、「ベビー用品、どうする？」と、パパの方から相談してみましょう。**

用意しておきたいベビー用品

紙おむつ ／ 布おむつ・おむつカバー（必要な場合）／
お尻拭き ／哺乳瓶 ／ 粉ミルク ／ ベビーウエア ／
肌着 ／おくるみ（またはバスタオル） ／ ガーゼ ／
ベビー用綿棒 ／ ベビー用爪切り ／ 体温計／
ベビー用布団 ／ ベビーベッド（必要な場合） ／
ベビーバス（必要な場合） ／ 洗面器 ／ 湯温計 ／
ベビー用石けん　など

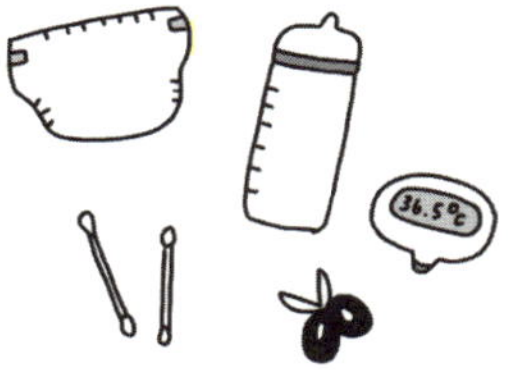

ベビー用品選びに興味を持とう！

大物のベビー用品選びは、パパの子育てへの姿勢を示すチャンスでもあります。**チャイルドシート**は、赤ちゃんの命を守るためのもの。ここはパパが主体的に選びましょう。産院からの退院時にも、チャイルドシートがあると安心です。もちろん、ママの意見を参考にすることも大切です。

抱っこひもは、ママ用とパパ用で２種類用意している家庭もあるようです。試着できる売り場もあるので、練習のためにも、ぜひ試着してみましょう。

ベビーカーは、生活圏をよく考えて選びましょう。パパは「外国製の大きいタイプのベビーカーがカッコイイ」と思っても、実際にママが使いこなすには大きすぎて、大変な場合もあります。電車移動が多い場合も、大きいベビーカーでの移動は一苦労です。

子どものために、いずれもママとパパが使いやすいものを相談して入手するようにしましょう。

！ 今回のまとめ

- ★ **妊婦健診についていく意欲を見せよう！**
- ★ **職場や上司にはきちんと妊娠報告をして、理解を得ておこう！**
- ★ **両親学級で、パパ意識を高め、必要な準備をしておこう！**

出産におけるパパの役割

パパのギモン

❶ 帰りも遅いし育休も無理。里帰り出産しかない？

❷ 産むのはママ。パパがすることはあるの？

❸ 出産したママの帰宅後、パパは何をしたらいい？

里帰り出産か、マイタウン出産か？

里帰りして出産するか、里帰りせずに産むのか、悩む人も多いでしょう。ファザーリング・ジャパンでは、里帰りしない**「マイタウン出産」**を勧めています。もちろん、パパの仕事が忙しい場合は、里帰り出産をした方がいいということになるかもしれません。でも可能なら、パパが育休を取って、夫婦で一緒に子育てをスタートした方がいいと考えています。

里帰り出産の場合、もちろん、子育ての先輩であるおばあちゃんのサポートがあったり、食事も用意してもらえたりするなど、ママは大助かりでしょう。でも、長期間パパと離れていると、ママの子育て力だけが格段に上がってしまいます。自宅に帰ってきたときにはその差は歴然で、パパがお世話しようと思っても、ママは手際の悪さにイライラしてしまうこともしばしば。何事も始めが肝心です。ぜひ、育休を取得して、夫婦で子育てを一緒にスタートさせましょう（→P.144）。

出産に際して里帰りしましたか（する予定ですか）
里帰りした（する予定の）方は、期間を教えてください

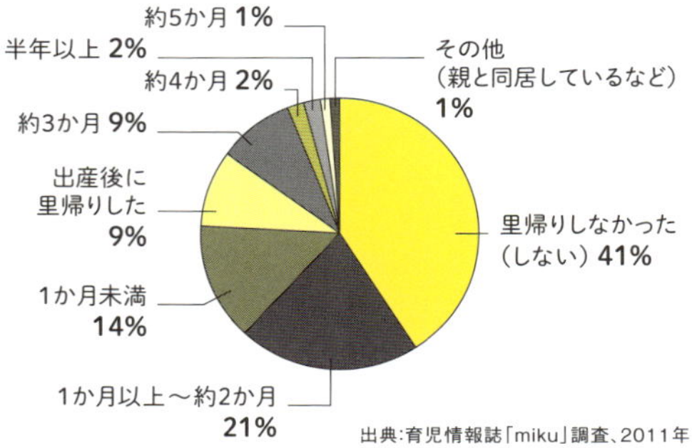

出典：育児情報誌「miku」調査、2011年

うれしかった子どもの言葉　おとーさんがいい！（柳澤、4歳長女・2歳長男）

出産が近づいてきたら、夫婦で細かな相談を

妊娠８か月後半から９か月頃になると、ママは入院の持ち物などの準備を始めるはず。陣痛が始まったら、パパが車で送るのか、タクシーを呼ぶのか、パパが仕事でいない場合はどうするかなど、相談しておきましょう。

ママが入院中の家のことについても、確認しておきましょう。ゴミ出しのルールや、クリーニング屋さんのことなど、家事のことでママが担ってくれていることは、パパの想像以上に多いはずです。キッチン周りのお皿やコップ、調味料、ストック食材のありかなど、いつもほとんどママに任せっきりのパパは、この際、きちんと把握しておきましょう。

出産は「立ち見出産」ではなく「立ち会い出産」で

パパにはぜひ、立ち会い出産をお勧めします。命が誕生するシーンに感激して「パパ・スイッチ」が入りやすいからです（→P.17）。我が子をより愛しく思え、また命がけで産んでくれたママへのいたわりの気持ちを持てるようになるでしょう。

ただし、立ち会い出産するつもりだったのに「産院の両親学級に出ていなかったから、立ち会いを許可されなかった」というようなことも聞くので、**立ち会う場合は、産院に事前に確認しておきましょう。**もちろん、まずはママとの相談が第一です。「陣痛中は一緒にいてほしいけれど、出産には立ち会ってほしくない」と考えるママもいますから、そこは無理強いしないことが大切です。

立ち会い出産といっても、出産のときにただその場所にいるだけ、カメラやビデオを構えているだけでは「立ち見出産」。妊娠中に、いかにママを思いやってきたかが、出産のときに生かされます。ママ自身、陣痛と格闘し、パパを思いやるどころではなくなります。せっかく何

分娩《ぶんべん》室でパパにしてほしいこと

◎手を握る。
◎飲み物を用意して、飲ませる。
◎汗を拭く。うちわで扇ぐ。
◎腰や肩、足をマッサージする。
◎たわいのない話をする。
◎どうしてほしいか聞いてほしい。

★ママによって違うので、
その場で聞きながらサポートしよう！

うれしかった子どもの言葉　いっしょに寝よう！（くるしま、13歳・10歳・8歳・6歳男）

かしてあげても、冷たい言葉をかけられることもありますが、それだけ陣痛に耐えるのが大変ということです。**暑そうならうちわで扇ぐ、飲み物を用意する、痛い腰を押してあげるなど、ママに希望を聞きながらサポートしましょう。**

里帰り出産で離れている時間

出産後、ママが自宅近くの病院に入院している場合は、仕事帰りに立ち寄ったりすることもできますが、里帰り出産の場合は、会いに行くのも週に1回とか、里帰り先がとても離れている場合は、出産後1か月たつのに一度しか会えていない……といったことがあるかもしれません。

この会えない時間をどう過ごすのかは、その後の子育てやママとの関係作りに大きな意味を持ちます。会えなくても、「今日はどうだった？」「体調はどう？」など、今の時代、電話はもちろん、メールやSNSなどいろいろなツールを使って連絡することができるので、「忙しくて連絡できなかった」なんて言い訳になりません。**いかに、ママとコミュニケーションをとろうとしているのか、子どもの成長の様子に興味を持っているのかが、パパからの愛情のバロメーターになる**といっても過言ではないでしょう。

ママも子どもの写真を送ってくれたり、ママ自身の様子を一生懸命伝えてくれたりするはずですから、そこはきちんとキャッチすることが大切です。「見たけど、返信しそびれた……」というのでは、ママはとても寂しくなります。産後のホルモンバランスの崩れによって、ママはとてもナイーブになっていることも多いので、**産後は特に、ママとのコミュニケーションをきちんと取りましょう。**「ママが戻ってくるまでは独身貴族！」などと、毎日飲み会続きで、ママにもほとんど連絡を入れず……なんて状態では、ママからの愛情曲線が大幅にダウンしてしまうことになるでしょう(→P.40)。

離れているからこそ、夫婦のコミュニケーションは大事なの。面倒がらないでね。

うれしかった子どもの言葉　おとうさんだいすき！（しあわせごちそうパパ、4歳長女）

▣ 赤ちゃんの夜泣きに、おろおろ……

入院中は、すやすや眠ってくれることが多かった赤ちゃんも、自宅にやって来た途端、泣く回数が増えたり、なかなか眠ってくれなかったり、夜泣きしたり……ということも少なくありません。

「でも、夜眠れないと仕事に響くから、別室で寝る」というのは、できるだけ避けたいもの。もちろん、翌日に重要な案件があるなど特別な状況なら別ですが、ママも初めての夜泣きと格闘しているのですから、パパも極力一緒に頑張りましょう。ママから、「夜泣きで大変なときに、知らんぷりして寝てた」なんてことを、子どもが大きくなってからも言われるケースがあります。**一緒に育てる、頑張る、乗り切る姿勢がとても大切です。**

赤ちゃんが泣く理由は、おなかがすいた、お尻がぬれている、暑い、寒い、具合が悪い、抱っこしてほしいなど様々。昼間の刺激で夜泣きするということもあります。特に理由がないのに泣く場合もあります。子どもは、泣いているときに抱き上げてもらえることで、自分の欲求を満たそうとしてくれているという安心感を得ていきますから、できるだけ抱っこしてあげましょう。

ママだけが抱っこしているのは、とても大変です。**パパも赤ちゃんをたくさん抱っこしましょう。**最初は抱っこが苦手なパパも、回数を重ねるごとに、抱っこがうまくなっていきます。

！ 今回のまとめ

★ **できればマイタウン出産をして、ママと一緒に育児をスタート！**

★ **ママの気持ちに寄り添いながら、立ち会い出産しよう！**

★ **赤ちゃんの抱っこは、パパも積極的に！**

産後のママのケア

パパのギモン

❶ パパの育児で特に力を入れるべき時期は？

❷ 出産後、ママの性格が変わってしまった……

❸ 赤ちゃんの世話はパパよりママの方が得意では？

産後は夫婦のパートナーシップの強化月間

パパが育児で特に力を入れたい時期がいつかといえば、「産後」です。嵐のように大変な産後の時期に、ママをしっかり支えて産後クライシス（→P.39）を乗り越えることで、夫婦の絆《きずな》が深まります。

出産後の女性は体とメンタル面が不安定になっています。「産んだらラクになる」なんてことはありません。お産で骨盤がゆがんで足腰がふらつき、歩くこともままなりません。心もデリケートで、ホルモンバランスが崩れるうえに、新生児には1時間おきに起きて授乳するため、ママは慢性的な睡眠不足。産後の約1か月は安静にしなければならないのです。

そんな産後の女性の体と心の状態を、知識として知っているのと知らないのでは大違い。出産後のママがイライラしがちでも、パパは「ホルモンのせいだから仕方ない」と内心つぶやきながらうまくかわすことができるでしょう。

出産後、身体は妊娠中よりラクになりましたか？

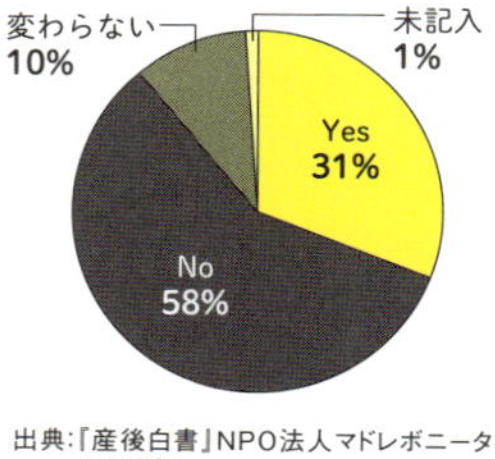

出典：『産後白書』NPO法人マドレボニータ、2009年

産後ケア教室を利用するのもお勧めです。NPO法人マドレボニータが開催する産後ケア教室では、バランスボールによる有酸素運動など、産後の女性の心身ケアを行うプログラムを行っています。興味のある人はチェックしてみてください。

→NPO法人マドレボニータ　http://www.madrebonita.com/

うれしかった子どもの言葉　パパとママの子どもでよかった！（堀川、11歳長男・5歳次男）

▣ 産後うつについて

出産直後に約８割の女性が、情緒が不安定になるといわれています。マタニティ・ブルーズと呼ばれ、自然に回復することがほとんどです。

一方、産後うつは、産後１か月以上たっても気分の落ち込む状態が２週間以上続く場合に疑われます。律儀で弱音を吐かない人がなりやすいといわれ、「私のような母親で申し訳ない」などと自分を責める人もいます。**ママのメンタルをケアし、産後うつが疑われる場合は無理をさせず、早めに専門医に相談しましょう。**

ママの状態チェック

- □あまり眠れていない
- □食欲がない
- □朝、起きられないことが多い
- □よく頭痛が起きている
- □疲れやすい
- □涙もろい
- □マイナス思考になっている
- □もたもたすることがある

出典：FJペンギンパパプロジェクト

▣ 赤ちゃんのお世話は質より量

子育ては女性の方が向いているから男の自分はしない方がいい、なんて思ったりしていませんか？ でも、子育てをしているパパに聞くと、**「授乳以外の子育てはパパも変わりなくできる」**とよく言います。

どんなパパやママも、初めは０歳児の親からスタートします。ただ、ママの方が子育てにかける時間が圧倒的に多いので、どうしてもママとは差がついてしまうのです。特に**赤ちゃんのお世話は質よりも量（投入時間）。**向き不向きではなく、慣れの問題なのです。おむつ替え（→P.90）一つ取っても、とにかく回数をこなすこと。手を動かし量をこなすことでスキルアップするのは、仕事と同じですね。どんどんスキルアップするパパの姿を見て、ママは「この人と一緒に親になれてよかった」と頼もしく感じることでしょう。

！ 今回のまとめ

★ **産後は夫婦のパートナーシップの強化月間と心得る**

★ **産後のママの体をいたわり、メンタルをケア！**

★ **手を動かして、質より量でスキルアップ！**

子どもの成長・発達を知る

? パパのギモン

❶ 子どもって、どんなふうに成長する?
❷ 発達に応じてどんな変化が起こってくる?
❸ パパとしてどんなことに気をつけたらいい?

赤ちゃんの発達について

赤ちゃんの成長するスピードは驚くばかりです。生まれて間もない頃は身長50㎝足らず、体重は3000g前後なのに、たった1年後には身長で約1.5倍、体重は約3倍にまで大きくなります。

赤ちゃんは日々変化し、成長します。寝返り、おすわり、はいはい、たっちと「人生初」の記念日が続きます。我が子が初めて寝返りをした瞬間は本当に感動的！ 親になった喜びを実感する瞬間でもあります。**赤ちゃんと一緒に暮らす日々は、まさに毎日がスペシャルデー、毎日がシャッターチャンスです。**

言葉も著しく発達します。「あー」「うー」といったあまり意味のない喃語《なんご》から、次第に発する言葉に意味を持たせ、やり取りをしようとします。我が子が初めて口にする言葉が何か、ドキドキしますね。「わんわん」「ぶーぶー」といった一つの言葉（一語文）から、「わんわんないたねー」「まんまたべるー」という二語文になり、その後、語彙がどんどんと増えていきます。

体の発達のステップ

子どもの発達は段階を追って進みます。ただその発達には、個人差が大きくあります。親から受け継いだ要因や生育環境、子ども自身の性格や経験な

うれしかった子どもの言葉　今日はパパと寝る！（こばじん、7歳長男・4歳次男）（早朝型レインボーパパ、5歳長男・1歳次男）

どが深く関わっているため、子ども一人ひとりによって発達の速度は違っています。よって、ほかの子どもと比較することには、あまり意味がありません。それぞれの子どもに応じた育ちをしっかりと見守りましょう。ただ、その発達の順番は基本的に決まっています。「全身の運動の発達」について例を示しますので、参考にしてみてください。ただし、時期はあくまで目安であり、絶対的なものではありません。

全身の運動の発達

1か月頃	頭をまっすぐに保てるようになる。
2か月頃	首を持ち上げ、腕を動かすことができるようになる。
3か月頃	首がすわる。
5か月頃	腰が安定し、支えると座り姿勢を取ることができる。
6か月頃	寝返りを打てるようになる。
8か月頃	はいはいをして自分で移動することができるようになる。
9か月頃	机などにつかまり、立つことができるようになる。
12か月頃	2～3歩、歩くことができるようになる。
15か月頃	つかまることなく一人で立ち上がり、歩き回ることができるようになる。
18か月頃	あまり転んだりせずに歩行が安定し始める。
2歳頃	階段の上り下りができるようになる。

※あくまでも一例で、個人差があります。

【子どもの体の発達の4つの特徴】

発達にはいくつかの原則があります。それぞれの原則を知っていると、子どもをより深く、そして丁寧に見ることができます。

①発達の方向は中心から末端へ（方向性）

まずは体全体の動きができ、その後、肩、腕、手、手のひら、指先へと、

うれしかった子どもの言葉　どうして保育園のみんなは僕のお父さんのことが好きなんだろう？（よこい、5歳長男・2歳次男）

体の中心から末端に向かって順に発達します。

②発達にはおおまかな順序がある（順序性）

スピードには大きく個人差がありますが、発達の順序は決まっています。

③未分化から統合へ（統合性）

最初はあまり意味なく体を動かしますが、成長と共に自分の意思で行動を起こし、それぞれに意思や意味を持ち全体として統合されていきます。

④発達の個人差は大変に大きい（個別性）

月齢が同じでも、その成長は必ずしも同じではありません。一人ひとりの成長のスピードは違います。

これら４つの原則を理解して、子どもたちの成長を共に実感して、そして楽しんでください。子どもたちは日々、少しずつですが確実に成長しています。子どもの成長と共に、親として、人として、成長したいですね。

心の発達のステップ

体と同じく、心も段階を追って発達します。心の発達は、身長や体重のように数値で測定することはできませんが、周囲と関わるときの様子で確認することができます。

心の発達がわかる代表例が「泣く」こと。赤ちゃんは泣くことによって自分の感情を伝えます。最初は空腹や眠いなど、生理的な不快があったときに泣きます。そして次第に、怒りや不安な気持ちを泣くことで表現するようになります。１歳を過ぎる頃からは、自分の要求が通らないときに抗議として泣いたり、注意を引くために泣いたりすることもあります。

「笑う」という行為からも、心が発達する様子がわかります。生まれたばかりの赤ちゃんは寝ているか泣いているかのどちらかですが、ふとした瞬間に笑顔を見せるようになります。この笑顔は生理的なもので、本能の動きで頬が緩んで笑ったような表情になっています。生後１、２か月頃の赤ちゃんの笑顔は「生理的微笑（新生児微笑）」といわれます。

３、４か月が過ぎた頃からは、話しかけられたり、笑顔であやされたりすることに反応して笑顔が出るようになります。これは、周囲と関わるために自発的に行う「社会的微笑」といわれています。その後、パパやママなどの

うれしかった子どもの言葉　「パパ」と初めて言われたとき。（ようちゃん、１歳長男）

近しい人にはほほえむけれども、見知らぬ人には顔をこわばらせる「人見知り」の反応が見られるようになります。これは心理学的には「８か月不安」といわれ、子どもの記憶や情動の成長の証《あかし》としてとらえられます。

子どもとの関わりの基本はスキンシップと笑顔

子どもとの関わりの基本はスキンシップにあります。子どもたちは幼いほど、心と体が近い存在です。身体的な心地よさがダイレクトに心の心地よさにつながります。その最も基本となるのが、スキンシップをとること。具体的には抱っこやおんぶなどの直接的なふれあいによる、安定的な関わりです。パパが初めて赤ちゃんを抱くとき、どうしても、腰が引けて不安定な姿勢になりがちです。これでは子どもも、そしてパパにとっても、居心地の悪い格好になってしまいます。しっかりと腰を据えて、両手で抱きかかえ、自分の胸板をうまく使い、安定した形で子どもを抱っこしましょう。

そしてもう一つ大切なことは、しっかりと目を見て表情を意識して、笑いかけることです。子どもは、目と口を中心とした表情から人を判断します。無表情なパパには、子どもはどう反応してよいかわからなくなってしまいます。自然な柔らかい笑顔が、子どもにとって安心できる表情です。

これらスキンシップや情緒的な交流など、親子の愛情によって結ばれる関係性を「アタッチメント」といいます。泣いたときにきちんとあやしてくれる、空腹を満たしてくれる、汚れたおむつを替えてくれるなど、子どもたちの欲求に対して適切な関わりと対応をすることで、このアタッチメントが築かれます。パパはまず、このことを意識しましょう。

イヤイヤ期は子どもの成長の証！

２歳頃になると自分の意思を表現できるようになり、急速に自我が芽生えてきます。保育では「自我の芽生え」や「第一次反抗期」といい、いわゆる「イヤイヤ期」に差しかかります。おっぱいが終わり、歩けるようになったから少しは楽になるかと思いきや、強烈な反抗期がやって来るので大変です。

うれしかった子どもの言葉　あー、幸せやわ。（うっかりパパ、6歳長女・9か月次女）

なにかというとダダをこねたり、親の言うことを聞かなかったり、親からすればつまらないことに妙に執着したり、何でもかんでも「いや！」と言ったり。ついこの前までかわいい赤ちゃんだった印象がパパにはあるので、我が子が反抗する姿に驚き、戸惑います。

この時期の子どもの特徴は、何でも「自分で」やりたがる、決めたがるということ。「自分の能力を試したい」「自分で決めたい」「自由に動きたい」といった、人として当然あるべき欲求に目覚めるのです。この欲求を満たしてあげることで、自分に対する自信がつき、自分のことを大好きになる「自尊心」の基礎が育まれます。親からすると対応が大変な時期ですが、これも子どもの一つの成長の姿です。必ずそれが収まり、抜け出す時期がやって来ます。**親が何でもやってしまおうとするのではなく、我が子が自立しようとする姿を応援しましょう。**

どこまで子どものわがままに付き合ったらいい？

わがままは、時に許されないこともありますが、**「自己主張」は成長の証《あかし》**です。どうしても危険なことやあまりにも迷惑なこと以外は、子どもの自由にできる枠組みを作り、その中では何でもさせるようにしてみてください。

例えば選択肢を複数提示し、どれを選ぶかは自主性に任せたり、援助が必要なことも、どこまで手伝ってほしいかを本人に決めさせたりすることで、イヤイヤも多少和らぐ場合があります。ただし、次の行為は御法度です。

①子どもの要求にすべて応える。　②逆に要求をすべて押さえつける。
③途中で我慢できなくなって態度を変える。

しつけはいつから始めたらいいの？

子どもの成長と共にパパたちが悩むのがしつけです。一体いつから始めたらよいのでしょうか？ そもそもしつけとはどのようなものなのでしょうか？ しつけは漢字で「躾」と書きます。「身」を「美しく」ということです。つまり「しつけ」とは、この社会で生きていく約束や基本的なルールを守り、

うれしかった子どもの言葉　パパ、だっく〜（抱っこのこと）（織田、長女1歳）

人として正しい（美しい）生き方をするよう導くことです。少し大げさな言い方をしましたが、**人と仲良く気持ちよく生きていく方法やお作法を学ぶこと**、と置き換えてもよいでしょう。

少し前には「子どものしつけは３歳から始めましょう」などと書いていた本もありましたが、子どものしつけは生まれてからすぐに始まります。例えば、赤ちゃんが何か落ちているものを口に運ぼうとします。パパはどうしますか？ もちろん危険であり、不衛生でもあるので「ダメよ。ばっちいからね！」と言って、それを赤ちゃんから取り上げてしまうでしょう。これがしつけです。つまり、**「この社会にはしてはいけないことがあり、避けるべきことや食べてはいけないものがある」というルールを子どもたちに提示して、伝えること**です。

そして時には彼らの行動を制約したり、禁止したりすることもあります。ストーブには触らない、落ちているものを口に入れない、お友達は叩《たた》かない、人の髪の毛は引っ張らない……どれも当たり前のことですが、これら一つひとつを子どもたちに、いろいろな場面や方法を通じて、パパたちは伝えていく必要があります。これがしつけの第一歩です。

もちろん「あれもダメ、これもダメ」と制約や禁止だけを伝えるばかりではありません。それ以上に、してよいことやもっとしてほしいことなどを、ほめたり喜んだりして伝えることも大切です。つまり、**パパたちが子どもに対しての思いを、丁寧にそして何度も繰り返し伝えていくことで、それが子どもたちに伝わり、根付き、行動となり、性格が築かれていくのです。**この時期のパパの子育ては、とっても大切な子どもへの関わりの一つです。ぜひ、自信を持って積極的に関わり、一緒に楽しんでください。

! 今回のまとめ

- ★ **子どもの体と心は段階的に発達する。成長するプロセスを楽しもう！**
- ★ **赤ちゃんにはスキンシップ！ パパは思う存分、抱っこしよう！**
- ★ **子どもとしっかりと関わり、しつけをしていこう！**

我が子の保育と教育を考える

? パパのギモン

❶「子ども･子育て支援新制度」って何？

❷ 保育所･幼稚園･認定こども園はどう違う？

❸ 施設の選び方や親子の生活について教えて

子ども・子育て支援新制度とは

「子ども・子育て支援新制度」は、2015年４月から始まった新しい国の制度です。これまでの子育て支援や保育、幼児教育のあり方が大きく変化します。

新制度では、幼稚園（新制度の確認を受けた幼稚園に限る）および認定こども園（満３歳以上の教育機能部分）への入園を希望する場合は、希望する園へ直接入園申し込みを行い、入園が内定した後に、入園内定園を通じて保育の必要性の認定（※）を受けて、施設を利用するようになります。新制度の確認を受けない幼稚園は、現行どおり変更はありません。

保育所および認定こども園（保育機能部分）への入園を希望する場合は、まずは市に申請を行い、保育の必要性の認定(※)を受けて、市から認定結果に応じた「認定証」の発行を受けます。その後、保育の必要性の有無や保育の必要量に応じて、認定こども園、保育所（認可保育所）、小規模保育、家庭的保育(保育ママ)などの、希望に合った施設や事業の利用を申し込みます。

※保育の必要性の認定とは？

これまでは「保育に欠ける」ことが保育所への入所要件でしたが、新制度では、保育に欠ける・欠けないにかかわらず、幼児教育・保育を受けることを希望するすべての保護者の申請に基づいて、客観的な基準をもとに保育の必要性の有無や必要量を認定します。その区分は以下のようになっています。

・１号認定：満３歳以上の小学校就学前の子ども（２号および３号認定に該当しないもの）
・２号認定：満３歳以上の小学校就学前の子どもで保育の必要性を有するもの
・３号認定：満３歳未満の小学校就学前の子どもで保育の必要性を有するもの

うれしかった子どもの言葉　パパって本当に強い！ すごい！（パパといっしょ、長男3歳）

保育所、幼稚園、認定こども園の違い

これら３つの施設の主な違いは、下表のとおりです。またこれらとは別に、０歳～２歳の保育を中心とした「地域型保育」（家庭的保育［保育ママ］・小規模保育・事業所内保育・居宅訪問型保育［ベビーシッター］）も新制度の中に位置づけられます。地域の実情に合わせて様々な取り組みがなされます。地域により大きく異なるので、各市町村に確認をしてください。

各施設の違い

	幼稚園	保育所	認定こども園（幼保連携型）
管轄・法律	文部科学省・学校教育法	厚生労働省・児童福祉法	文部科学省・厚生労働省 就学前の子どもに関する教育、保育等の総合的な提供の推進に関する法律
対象児	3歳～就学前	0歳～就学前	0歳児～就学前
保育時間	一日4時間を基本	一日8時間を基本	4時間にも11時間にも対応
保育者	幼稚園教諭	保育士	0～2歳児は保育士・3歳以上は保育教諭（保育士と幼稚園教諭の両方の資格を有している）
職員配置基準	1学級あたり専任教諭1人 （1学級の幼児数は35人以下が原則）	保育士一人当たりの子どもの数 0歳1：3　1、2歳1：6 3歳1：20　4、5歳1：30	・0～2歳児については、保育所と同様の体制 ・3～5歳児については、学級担任を配置し、長時間利用児には個別対応が可能な体制

園選びのポイントとは？

新制度では、住んでいる市町村による３つの区分認定（１号、２号、３号）に応じて、施設などの利用先が決まります。基本的には両親が共に就労しており、昼間に子どもたちを預ける場合は、子どもの年齢により２号、３号認定となり、保育所や認定こども園の利用となります。そうでない場合は１号認定となり、幼稚園や認定こども園の利用になります。これらとは別に、多様な地域型保育などの利用も可能です。

またこれらの施設は、市町村の行政が直接運営する公立と、それぞれ特色のある理念や取り組みを行っている民間の施設に分けることができます。公立の場合は基本的に一つの教育方法や理念に偏ることはありません。一方、民間の施設は、それぞれ独自の理念や教育方法、あるいは宗教的な背景などを持ち、特色のある保育を行っています。

どちらがよいということではなく、**保護者の思いや子どもの個性などに合わせて施設を選びましょう。**最近は園庭の開放や体験保育事業などを行っているところも多いので、実際に体験をしてみることをお勧めします。

うれしかった子どもの言葉　娘のいちばん最初に出た言葉が「パパ」だった。「パイパイ（おっぱい）」の聞き間違えかもしれないですが。（のっぽパパ、長女2歳）

各施設の入園手続き、入園時期

特にパパが気になるのは、「希望する施設に入れるかどうか」という点と、手続きの方法だと思います。保育所の手続きは所在地の自治体が管轄しており、入所の申し込みは各自治体（市町村）で対応しています。幼稚園の場合は直接その園に申し込みます。認定こども園の場合は各認定部分により違うので、市町村へ確認をしてください。

それぞれの施設は、毎年４月が最も多くの新入児を受け入れるタイミングです。幼稚園等は入園申し込みの後、面接や試験があり、早いところでは前年10～11月に入園が決まります。また、幼稚園等の一部や認証・無認可保育園には先着順としているところもあります。

保育所では、特に都市部において待機児童の問題があります。子どもを入れたくても定員の問題で子どもを希望する保育所に入れることができなかったり、保育所自体に入所できなかったりするという事態が起きています。各自治体によりその数や対応は違うので、**まずは自分の地域の保育所や待機児童について、市町村に問い合わせてみることから始めましょう。**

入園が決まったらすべきこと

各施設には、それぞれの保育の理念や目指す子どもの姿、保育の方法や歴史があります。**施設がどのような思いや環境を持っているのかを理解しておきましょう。**

また、子どもたちにとって初めての集団生活になることが多いので、まずは体調をしっかりと管理しましょう。そのためにも予防接種（→P.81）は確実に行いましょう。

そして、親子一緒に生活のリズムを整えておくとよいでしょう（→P.88）。各施設共に、子どもたちの生活リズムを大切にしていますが、これは施設のみで達成できるものではありません。**家庭と施設との連携があって初めて、子どもたちのよりよい生活リズムが作られます。**

入園してから

通園が始まると、緊張や環境変化によって子どもは体調を崩しやすいもの。

うれしかった子どもの言葉　危機的な状況のときに（怖い犬が近づいてきたときなど）、必ず「ママー」ではなく「パパー！」と言って頼られる。（ゆずパパ、長女１歳）

先生から子どもの発熱など、電話が突然かかってくることもあるでしょう。そんなときはパパかママが迎えに行き、体調を見ながら家でゆっくり過ごしたり、うまく気分転換をしたりするとよいでしょう。子どもたちの体と心がしっかりと育ち、楽しく施設に通えるような環境を整えていきましょう。

各施設では、子どもたちは先生を始め、多くのお友達と過ごすことになります。初めて親の手を離れていくことになり、寂しい気もしますが、子どもの成長の機会でもあります。担任の先生としっかり話をしたり、連絡帳などをうまく活用したりして、よい関係を作りましょう。また、**何か心配や不安があれば、すぐに先生に相談するようにして、施設と家庭が協力して子どもたちの育ちを共に支えましょう。**

▣ パパ友や保護者ネットワークを作ろう！

子どもたちが各施設に通うと、保護者のつながりや関係性も大きく広がることになります。保護者会や施設の様々な行事等を通じ、いろいろな家庭やお子さん、保護者の方がいることに気がつくでしょう。このような多くの人々とのつながりを大切にしてください。彼らは同じ地域で子どもたちと共に生きていく、いわば「子育て仲間」だからです。

特にパパたちは会社中心の生活の中で、身近な地域に知り合いや友達がいないこともあります。そんなとき、同じ子育ての仲間、すなわち「パパ友」の存在は、とても心強いものです。**パパ友から地域の様々な情報を得たり、お互いの子育てについて語ったりすることはとても有意義です。**

施設の行事などを通じてパパ友を作り、パパ友ネットワークを広げていきましょう（→P.152）。

！ 今回のまとめ

★ 保育所・幼稚園・認定こども園に入園する際は、情報収集を早めに行う

★ 入園が決まったら、親子で生活のリズムを整えよう！

★ 園選びにコミットし、パパ友ネットワークを有効活用しよう！

特別講座☆☆☆

スマイルキッズ保育園の取り組み

内山恵介 Keisuke Uchiyama

日本興亜スマイルキッズ江戸川橋保育園 園代表、一般財団法人日本興亜スマイルキッズ代表理事。日本興亜損害保険株式会社経営企画部において新規社会貢献事業の事業化に取り組み、金融機関で初めて認可保育園を開設。

私はサラリーマンの身でありながら認可保育園を開設し、園代表に就任しました。金融機関で地方転勤、首都圏営業、人事、経営企画などを経て、会社の新規事業の担当者として自ら保育事業法人を立ち上げることになったのです。会社に在籍したまま、今は保育現場にどっぷり漬かっています。

◉ビジネスと保育の接点

金融機関のビジネスキャリアと、保育の最前線。通常は並列しないものですが、両者を経験してみて、共通項があると感じています。

ビジネスと保育、子育てと部下育成、保護者と顧客の関係。一見して違うものですが、「人と人との間の関係」であることは同じです。これらを対比し、関連づけることによって、バリバリのビジネスパーソンであるパパに（もちろんママや主夫にも）、共感と理解を深めてもらえると思っています。

例えば、親であれば誰もが悩む「叱り方」。最近は優しいパパが増えてきて、子どもがいけないことをしたときに「ダメだよ～」と言いつつも、表情や口調が叱っているふうに見えない人がいます。これを職場に置き換えれば、部下を叱責すべき場面できちんと指導できない上司みたいなもの。部下に甘いだけのダメ上司の烙印《らくいん》を押されかねません。

頭ごなしに叱る必要はありませんが、叱るときは顔も怒った表情にして、自分が悪いことをしたというシチュエーションを子どもに理解させることが大切です。そして、なぜ叱られたのかを理由がわかるように説明するとよいでしょう。ただし、基本は「ほめて育てる」です。その点も、子育てと部下育成は似ていますね。

◉スマイルキッズ保育園の取り組み

新しい商品やサービスを開発し、顧客のアフターフォローをしっかり行うことで、会社は高い評価を得られます。私はこれを保育園でも実践してみようと思い、様々な試みを行っています。例えば食育に力を入れる中で、開発途上国の飢餓と先進国の肥満・生活習慣病の解消に取り組む社会貢献運動「TABLE FOR TWO」プログラムを、全国で初めて幼児給食で採用しました。NPO法人フローレンスの協力を得て、業界初の病児保育のサービス提供も始めました。また、絵本作家やミュージシャンを招いたイベントなども、多くの人たちの支援を得ながら行っています。

こうした付加サービスは、本質的なサービスがしっかり提供できて初めて効果が出てきます。コアサービスである「安心」「安全」には何より力を入れ、特に衛生面は徹底してリスク管理をしています。

また、顧客満足を高めるためにも従業員満足を高めようと、絶えず心を配っています。スタッフのワーク・ライフ・バランス実現のため残業はほとんどありませんし、有給休暇も積極的に消化してもらっています。

◉パパが園に関わってくれるとうれしい

保育園を運営する立場から、保護者のパパが園の活動に関わってくれるのはとてもありがたいと感じています。幼稚園であっても同様だと思います。

行事やイベント設営の力仕事でパパの出番がありますし、園で活躍するパパを見ると、子どもは誇らしく感じるようです。また、送り迎えの際にパパが保育スタッフやほかの子どもたちに声をかけてくれるだけでも、コミュニケーションに多様性が生まれます。

私の園には、「パパの一日保育士」という大人気のプログラムがあります。参加したあるパパが「大勢の子どもを保育することの大変さや、子どもとのコミュニケーションのとり方など勉強になりました。これからもぜひ参加したいです！」と感想を述べていました。我が子だけでなくほかの子どもたちと過ごすことで、多くの驚きと発見が得られますよ。

日本興亜スマイルキッズ江戸川橋保育園
http://www.nk-smilekids.or.jp/

園代表内山恵介のブログ（毎日更新）
http://ameblo.jp/smilekids-uchiyama/

新米パパのためのファイナンス講座
～子育てにかかる費用はどのくらい？～

パパのギモン

❶ 子育てにお金はどのくらいかかるの？
❷ 共働きと専業主婦で収入はどのくらい違う？
❸ 生活設計はどうやって立てたらいい？

子どもができると生活設計がリアルに

子どもが生まれると、ライフスタイルは一変します。子どもが生まれるまでは、夫婦二人で働き、お財布は別々。二人で外食をしたり、好きな洋服を買ったり、のんびり旅行したりと気ままな生活を送ってきたのが、子育てが始まると、家族の生活設計が急にリアルなものになってきます。

子育てで実際どれくらいお金がかかるか把握していますか？ 内閣府の調査（下図参照）によれば、**子ども一人当たりに必要な年間子育て費用は、未就学児のうちは約104万円、小学生では約115万円、中学生では約156万円**となっています。

第１子一人当たりの年間子育て費用額（対象者全体平均）【第１子の就学区分別】

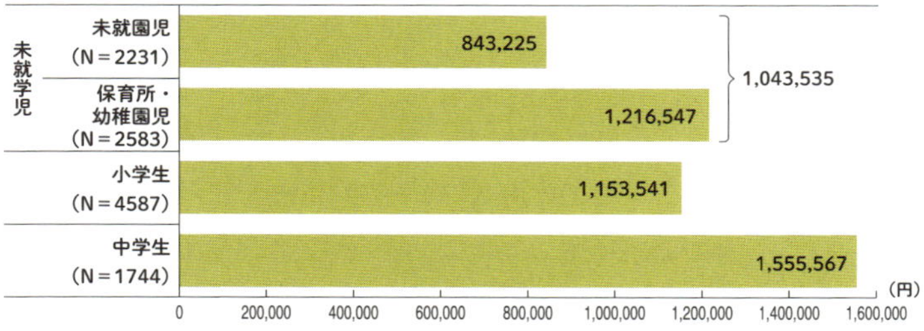

※子育て費用は第１子の子育てにかかった金額で、上記は対象者全体による平均額

出典：内閣府「インターネットによる子育て費用に関する調査」

国民生活基礎調査によれば、18歳未満の子どものいる世帯の平均所得は

グサッときたママの一言… 「洗濯ものはしわを伸ばしてから干してね！」「買い物をお願いしたケチャップ、ブランドが違うわよ！」（コヂカラ・パパ、15歳長男）

2010年時点で658万円なので、実に家計の15～23％を占めます。これには驚くパパも多いのではないでしょうか。別の調査によれば、「子育てにお金がかかりすぎる（から子どもをつくれない）」と回答した夫婦が６割もいます（国立社会保障・人口問題研究所第14回「出生動向基本調査」2010年）。

スポーツやお稽古、塾にかかるお金

子どもにどんな習い事をさせるか、楽しみにしているパパも多いと思います。習い事は、どれくらいお金がかかるのでしょうか？

スポーツ系でいちばん人気があるのは、幼児も小学生も水泳です。その他、体操教室、サッカー、野球、空手なども人気があり、スポーツ系の費用の目安は１活動につき月4,000～6,000円です。

芸術系の活動は総じて女の子が多く、幼児、小学生共にピアノがいちばんの人気で、その他、音楽教室、リトミック、合唱、絵画・造形、バレエなども人気があります。費用の目安は、ピアノが7,000円前後、バレエが１万円以上、その他は5,000円以下が多いようです。

学習系では、幼児、小学生共に英語・英会話がいちばん人気が高く、月8,000円前後です。その他、小さいうちはプリント教材の教室や、能力開発の幼児教室も人気があります。

小学生になれば、学年が上がるにつれて学習塾に通う割合が増えます。文部科学省の調査では、**小学４年では25％が、中学３年では65％が塾に通い、公立中学では半数近くが年間20万円以上を塾代、参考書代など補助学習費にかけています。**

保育料は地域や所得で変わる

保育所に子どもを通わせる人は、保育料が気になりますね。住んでいる自治体と世帯の所得税額（または住民税額）によって保育料は違うので、まずは住んでいる市町村で調べることをお勧めします。例えば東京都文京区では、平成25年度の認可保育園の月額保育料は、３歳未満の場合０円から最高で77,500円、３歳の最高は26,600円、４歳の最高は22,000円となっています。ただし第２子以降には、割引があります。

グサッときたママの一言… ママを喜ばせたいとレストランにつれていったら、娘がぐずってママはかえって不機嫌に。（ゆいたんパパ、４歳長女）

進路によって必要なお金は大きく変わる

続いて教育費です。**幼稚園から大学まですべて国公立に通った場合は合計1,000万円、すべて私立の場合には2,300万円**といわれています。幼稚園から高校まで年間どの程度かかるのか、公立の場合と私立の場合で比較した下の表を参考にしてください。

【幼稚園～高校まで】 （年額）

幼稚園		小学校		中学校		高等学校	
公立	私立	公立	私立	公立	私立	公立	私立
23万円	54万円	30万円	147万円	46万円	128万円	39万円	92万円

※入学金、授業料、修学旅行費、通学費、給食費、クラブ活動費、塾代、お稽古代など学習関連費用を年額平均した数値
※文部科学省「平成22年度子どもの学習費調査」を筆者が編集

乳幼児の頃は国からの補助があるので、教育費用も少なくて済みます。むしろお金がかかるのは、大学生の時期です。国立と私立の大学の授業料を比較したのが下の表です。これに加えて、下宿をすれば仕送り費用が重くのしかかってきます。

【大学（昼間）】 ・国立大学の場合（平成24年度）入学金：282,000円 年間授業料：535,800円
・私立大学の場合

	入学料	年間授業料	施設設備費	合計
文系学部	25万円	74万円	16万円	115万円
理系学部	27万円	104万円	19万円	150万円
医師系学部	104万円	280万円	88万円	472万円

※文部科学省「平成24年度私立大学入学者に係る初年度学生納付金平均額の調査」を筆者が編集

出産後のママが働くか、専業主婦になるかで変わる家計

今度は収入面を見ていきましょう。パパ自身の生涯賃金がどれくらいになるか、計算したことはありますか？ 男性の場合、大卒・転職なしで平均で2億9,000万円となります。**女性の場合は、①正社員で働き続けた場合、②再就職した場合、③専業主婦の場合 で生涯賃金は大きく異なります。**

①の場合は、ママの生涯賃金２億5,700万円がパパの生涯賃金に加わるので、世帯の収入としては豊かになります。共働きであれば専業主婦家庭に比べて、保育料、外食費、その他雑費がかかりますが、収入面から見ると大きなインパクトがあります。そしてさらに、ママが高齢になったときには、ママ自身の年金がしっかり増えて支給されるので、老後のゆとりにもつながり

グサッときたママの一言… お互い余裕がないと「これくらいやっておいてよ！」と言い合いになる。（天野、6歳長女・次女）

ます。

子どもたちが小学生になって手が離れた頃に正社員で再就職する②のパターンでは、ママの生涯賃金は1億7,700万円。子育て費用がかかる時期に世帯収入が増えるので、経済面ではかなり助かると思われます。ただ、扶養の範囲のパートで働く場合は、ママの年金額は増えず、正社員と比べると差がつきます。

【①正社員で働き続けた場合】 ※育児休業1年間取得、大卒～60歳定年まで働いた場合
女性正社員の平均生涯賃金　約2億5,700万円

【②再就職した場合】 28歳で第1子、31歳で第2子を出産。第1子出産を機に退職し、第2子の小学校入学と同時に正社員で再就職した場合の生涯賃金
ブランク10年
約1億7,700万円

【③専業主婦の場合】 28歳で出産を機に退職し、その後は専業主婦の場合
逸失賃金　約2億3,500万円

出典:内閣府「国民生活白書」

③のケースは、ずっと専業主婦でいた場合です。生涯賃金は出産前に働いていたときの賃金のみとなり、①との収入の差額は約2億3,500万円にもなります。

現実を踏まえて夫婦で生活設計を！

まだ子どもが小さい（またはこれから子どもが生まれる）パパにとっては20年にわたる子育て費用のことは、なかなか身近に感じられないかもしれません。これからかかる教育関連費用や住宅費用などもある程度念頭に置いて、中・長期的なプランを考える必要があります。

ただ、先のお金のことを今の段階で過度に心配する必要はありません。先輩パパ・ママに聞くと、「大変だけど何とかなっている」という答えが多く返ってきます。お金のことを心配していると、なかなか「笑っている父親」にはなれません。まずは今、目の前の子どもと楽しく過ごしましょう。

! 今回のまとめ

★ **大きくなるにつれて増えていく教育費を知っておくことが大切**

★ **ママのキャリアについて夫婦で話し合ってみよう！**

★ **生活設計は柔軟に考えよう！**

新米パパのための法律講座
～出産、育児に関する社会保障～

パパのギモン

❶ 出産時の出費を助けてくれる制度ってあるの？
❷ 育児中の社会保障、どんなものが利用できる？
❸ パパが利用できる社内制度って何だろう？

出産時に助かる制度

妊娠は病気ではないので、健診や出産で病院に通っても健康保険が適用されません。その事実を知って、驚いた人も多いのではないでしょうか。妊婦健診で約10万円、出産分娩《ぶんべん》費で約40万円と、結構な出費となります。ただ、出産に当たって社会保障の制度もあるので、過度な心配は不要です。

◆出産育児一時金

会社が入っている健康保険や、自営業など個人で入っている国民健康保険には、「出産育児一時金」という給付があります。出産育児一時金は、ママがパパの扶養になっている場合は、「家族出産育児一時金」という名称で支給されます。

妊娠４か月以上の出産の場合、**加入している健康保険から子ども一人につき42万円（産科医療補償制度に入っていない医療機関で出産した場合は39万円）が支給されます。**全国の産科医療機関での分娩費の平均は約42万円となっているので、分娩費が高い東京など一部の地域を除いては、ほぼ全額が賄えます。

なお、帝王切開など高額な医療を受ける場合は、保険診療となります。入院前にそのことがわかっている場合は、加入している健康保険から「健康保険限度額適用認定申請書」を入手しておくと、退院時の支払いが少なくて済み、便利です。

また、「ママが会社の健康保険に１年以上入っていたけれど、出産のため

グサッときたママの一言… 「どうせ何にも気づいてくれないんだよね」（柳澤、4歳長女・2歳長男）

に退職した」といったケースでは、退職日の翌日から６か月以内に出産した場合、ママの加入していた健康保険からの支給を受けることになります。

◆出産手当金

ママ自身が健康保険に入っている場合、出産前42日・出産後56日の産前産後休暇中の給与保障として「出産手当金」が支給されます。支給額は、給与の日割りに相当する金額（標準報酬日額）の３分の２に、土日を含めて休んだ日数分を掛けた金額となります。休業中の給与を保障するものなので、会社から給与を３分の２以上もらっている場合には支給されません。

ちなみに、ママがパパの扶養であったり、自営業で国民健康保険に入っているような場合には、「出産手当金」の制度はありません。

▣ 育休中の経済的な支援

育休中の人や子育てをしている家庭を支える制度もいろいろあります。ぜひ、押さえておきましょう。

◆育児休業中の給与保障

健康保険料と厚生年金保険料は、育児休業中は支払いを免除されます。

育児休業期間中、通常は給与が出ません。しかし、その間の給与保障として、雇用保険から育児休業給付金が支給されます。雇用保険に加入して１年以上たつ人であれば、それまでの給与のおよそ半額が支給される可能性が高いので、人事などの担当者に相談してみてください。

◆児童手当

中学校卒業までの子どもがいる家庭では児童手当が支給されます。所得の上限はありますが、３歳未満は一人あたり月15,000円、３歳から小学校修了前までは一人あたり月10,000円（第３子の場合は15,000円）、中学生一人あたり月に10,000円が支給されます。

児童手当の支給額

子どもの年齢	手当月額
3歳未満	一律15,000円
3歳以上小学校修了前	10,000円（第3子以降は15,000円）
中学生	一律10,000円

グサッときたママの一言… 「あたしの方が育児・家事しているのに、あなただけ『イクメン』とほめられてズルい！」（堀川、11歳長男・5歳次男）

▣ 育児介護休業法とは

育児休業を取ることで、出産や育児で休業した後も働き続けることができるように、育児介護休業法では様々な制度が規定されています。ここで紹介した制度以外にも、会社で独自にアニバーサリー休暇などを設定している場合もあります。

◆育児休業

子どもの1歳の誕生日の前日までは、育児休業をパパもママも取ることができます。1歳の誕生日の前日までに育児休業を取っていて、誕生日時点で認可保育園に入れなかった場合などは、1歳6か月まで育児休業を延長することも可能です。

なお育児休業は、労使協定により、勤続1年未満の社員を育児休業利用の対象外としている場合があるので、入社間もなく育児休業を取りたいときには、必ず事前に確認することをお勧めします。

法律上、育児休業は、1回のまとまった期間を取ることになっていて、特別な理由がない場合は、細切れに何回も取ることができません。

ただし、近年パパの育児参画を強く後押しする意味もあり、ママの産後休暇中に、パパが育児休業を取った場合には、特別に、もう1回育児休業を取ってもよいということにもなっています。また、パパもママも育児休業を取った場合は、「パパママ育休プラス」といって、通常は1歳の前日までの育児休業が、子どもが1歳2か月になるまで延長されます。

法律で定められた各種制度

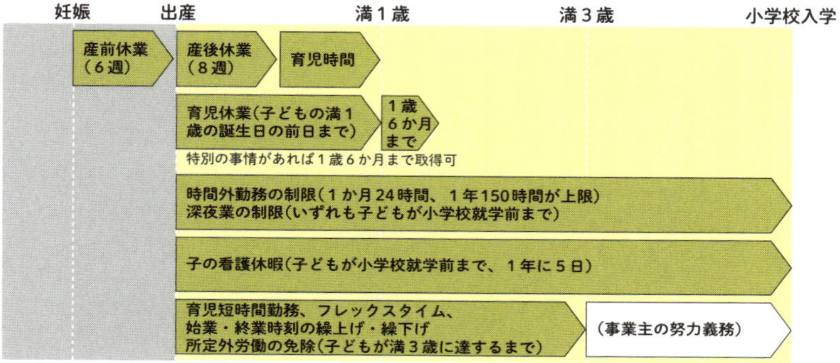

グサッときたママの一言… 「この家にはママが二人いるみたい」と妻に言われて、やりすぎに気づいた。（やっしー、7歳長男・4歳次男）

パパ・ママ育休プラス

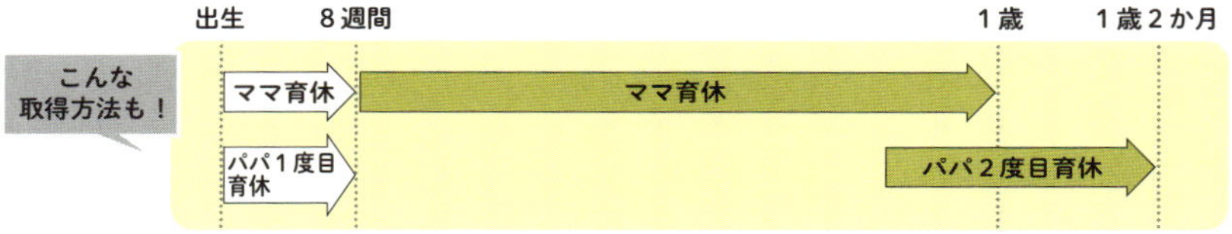

＊産後8週以内にパパが育休を取ると、パパは再度育休取得が可能。ママが仕事復帰する場合、ママが生活のペースに慣れ、子どもが保育園に慣れるまで、パパが育休を取ってサポートするという方法もある。

◆育児短時間勤務制度

３歳未満の子どもがいる場合は、会社に申し出ることでパパも短時間勤務制度を利用することができます。制度の詳細は各会社の就業規則で確認しましょう。なお、短縮された時間分の給与は通常はカットされるので、注意してください。

◆所定外労働の免除制度

３歳未満の子どもがいる場合は、会社に申し出ることで、残業免除にしてもらえるという制度があります。

◆子の看護休暇

就学前の子どもがいる場合や、予防接種や健康診断、病気、けがなどで休む場合には、看護休暇制度の利用をお勧めします。就学前の子どもが一人の場合は年間５日、二人以上の場合は年間10日まで、年次有給休暇とは別に休むことができます。法律上は無給でもよいのですが、会社によっては有給にしたり、半日単位の利用を可能としたりするケースもあるので、就業規則などを確認しましょう。

！ 今回のまとめ

★ 出産・育児の経済的支援をしてくれる社会保障を知ろう！

★ パパの会社（＋ママの会社）の規程を読んで、どんな制度があるのか知ろう！

★ パパも社会保障や社内制度をどんどん利用しよう！

子どもと家族の安全を考える

? パパのギモン

❶ 万が一に備えて、日頃から心がけることは?

❷ いざというときのために、何を用意しておく?

❸ 定期健診や予防接種は必要なの?

いざというとき頼りになるパパ友、ママ友

2011年に起こった東日本大震災のときには、東北や関東地方で大きな揺れを感じ、首都圏の交通網はマヒし、「帰宅難民」になった人が多くいました。子どもたちが家族と別の場所で過ごしている時間帯で、電話も通じにくくなっていたので、自宅に帰れなかったパパやママは保育園や小学校にいる子どもたちのことを心配していました。

そんなとき、地元にいるパパ友やママ友が、子どもの安全を知らせてくれ、自分の子と一緒に子どもたちを保護してくれ、夕飯も食べさせてくれた……。そんな心強いエピソードが、震災後、ツイッターなどに流れました。

地域は我が子を守るセーフティネット

万が一の状況のときに、「あの子は大丈夫か？」と顔が浮かぶような地域のつながりは、どんな防災システムにも代え難い心強い危機管理です。

地域とのつながりは、普段からの関わりで醸成されていくものです。地域のイベントやお祭りなどに親子で参加することはもちろんですが、**近所の人にあいさつしたり、会話を交わしたりといった何気ない関わりを重ねることが、いざというときに我が子を守るセーフティーネットになるのです。**

なお、子どもが大きい場合は、それぞれが別の場

グサッときたママの一言… 休日に断りなく外出の予定を入れたら「人でなし」とメールがきた。（ゆずパパ、1歳長女）

所にいた場合、まずはどこに避難するのか、落ち着いたらどこに集まるのかなど、基本的なルールを家族間で決めておきましょう。

家の中の防災対策はパパの役目

小さな子どもが過ごす時間が多い家の中の防災対策は、パパの役目と心得ましょう。たんすが倒れてこないように固定したり、特に赤ちゃんがいる場合は、地震が起こったときに物が落ちてこないかをチェックしたりしておくことが大切です。

また、災害などに備えての非常持ち出し袋を用意しましょう。水や食品などの備蓄は、重い物もあるので、パパが主体的に準備したいものです。大災害が起こった場合、支援が来るまでの３日間を持ちこたえることが大切といわれています。もちろん、パパが独断でするのではなく、ママと必要な物を相談しながら、防災の準備を進めておきましょう。

非常持ち出し袋に用意したい赤ちゃん用品

★両手が空くように、リュックがお勧め。抱っこひもも用意すること。

- □ 紙おむつ　□ お尻拭き兼用ウェットティッシュ　□ 粉ミルク・哺乳瓶
- □ ペットボトルの水　□ トイレットペーパーまたはティッシュ
- □ ベビーフード　□ ベビーウエア
- □ 使い捨てカイロ（赤ちゃんのミルクの温めにも活用）
- □ 大判のタオル（おくるみとしても使える）
- □ レジ袋（いざという場合に、古着やタオルを敷いて簡易おむつカバーとしても使える）

★普段のお出かけ用ママバッグもそばに置く

- □ 母子健康手帳　□ お薬手帳　□ 小さなおもちゃや絵本　□ 現金
- □ 連絡先リスト

子どもと手をつないで、我が町を歩こう

日頃から子どもと町を歩いておくことも大切です。学校の行き帰りの道や、児童館への道、子どもの行動範囲は、パパも一緒に歩きましょう。危険を感じる箇所があれば、子どもに教えてあげてください。危険を感じたときには、商店や「子ども110番の家」などに助けを求めてよいということも伝えてお

グサッときたママの一言…　「あなたに私の気持ちを察するやさしい言葉を期待するのはあきらめた」（うっかりパパ、6歳長女・9か月次女）

きましょう。

エレベーターを使うマンションに住んでいて、子どもが一人で利用することがあれば、不審者が乗り込んできたときにすぐに降りられるように、なるべく入り口の近くに乗ること、地震が起こったら全部の階のボタンを押して、止まった階ですぐに降りることも教えておきましょう。地域で防災訓練があれば、親子で積極的に参加するようにしてください。

たくさん遊び、いろいろな道を歩くこと

防災の観点からいっても、危険から逃げ、危機を乗り切るために、基礎体力は欠かせません。そのためにも、**日頃からよく遊ぶこと、よく歩くことを親子共に心がけましょう。**

最近では、舗装された道が多く、でこぼこした道を歩くことに慣れていない子どもが少なくありません。災害時には、足場が悪かったりする悪路を歩かなくてはならないこともあるので、遊びも兼ねて、河原や里山などに行き、多少歩きにくい道を歩いてみることをお勧めします。

悪路を歩くためには、安全な足場を確認することや、足を踏ん張ったり、自分で体のバランスを取ったりすることも必要です。場所によっては、手で何かにつかまりながら歩く練習にもなります。

健診や予防接種はきちんと受けさせよう

災害予防だけでなく、日頃の健康管理も大切な危機管理です。どんなに心がけていても、病気にかかったり、ケガをしたりしてしまうことはあります。でも、生活リズム（→P.86）が整っていて、基礎体力がついていると、病気にかかっても軽く済み、ケガの治りも早いことが多いようです。**親子共に、生活リズムを整えて、基礎体力作りを心がけておきましょう。**

子どもには市区町村が行っている無料の定期健診があります。忘れずに受けさせておきましょう。健診のタイミングで、子育てで気になっていることなどを確認するのもお勧めです。**乳児健診の場合は、赤ちゃんを着替えさせ**

グサッときたママの一言… 夜泣きや授乳などに関することで、妻が子どものことに対して1人で背負おうと感じる言葉を聞いたとき。（土肥、9か月長女）

るなど手がかかることも多いですし、いろいろな情報を得られるので、ママだけに任せず、できる限りパパも同行しましょう。

予防接種も忘れずに受けさせましょう。特に小さい頃は定期接種の数も多いのですが、重篤な病気から赤ちゃんを守るためには大切なことです。最近では会場に集まっての一斉接種は少なくなり、市区町村から配られる予防接種券を持って、最寄りの小児科で予防接種してもらうことが多くなっています。接種スケジュールがわからなかったり、どんなタイミングで受けていったらいいのかなど迷う場合は、小児科医に相談しましょう。

●定期接種

予防接種法で「予防接種を受けるよう努めなければならない」と定められていて、市区町村が実施するもの。定められた期間に接種すれば、無料（または一部負担）で受けられる。

●任意接種

対象者の希望で行われるもの。任意だからといって、受けなくても大丈夫な軽い病気ということではない。

〈定期接種の種類〉 ※厚生労働省2013年9月現在

ジフテリア、百日せき、急性灰白髄炎（ポリオ）、麻しん・風しん、日本脳炎、破傷風、BCG（結核）、Hib感染症、小児の肺炎球菌感染症、ヒトパピローマウイルス感染症（子宮頸がん）

厚生労働省のサイトなどで、最新の予防接種情報を入手しましょう！

! 今回のまとめ

避難経路の確認だ！

★ いざというときのために、日頃からの近所付き合いが大切！

★ 親子でいろんな道を歩くことが、防災にも防犯にも有効！

★ 健康診断はパパも一緒に！ 予防接種も忘れずに！

特別講座☆☆☆

パパのポジティブ子育て

高祖常子 Tokiko Koso

育児情報誌「miku」編集長。WEB サイト「こそだて」編集長。子育て・ママ支援を中心に編集・執筆・講演を続けながら、NPO 活動も行う。NPO 法人児童虐待防止全国ネットワーク理事、NPO 法人子どもすこやかサポートネット理事、NPO 法人タイガーマスク基金理事ほか。三児の母。

子どもを叩《たた》いている親が７割というデータがあります。「しつけのためには叩くべき」と考えている親が６割います（2011年こそだて調べ）。

日本では、子どもに「叩く」「体罰を加える」ことが珍しいことではなく、むしろ肯定的に捉えている大人が少なくありません。

◉しつけのために叩くことは必要なのか？

子どものしつけに悩む人は多いでしょう。そもそもしつけって、どういうことなのでしょう。子どもをしつけなくてはいけない、ちゃんとした大人になるように……と、「しつけは厳しく」と思っている大人はたくさんいます。

ママの場合は「夫に厳しくしつけるようにと言われて」とか、「義母は両ビンタで育てたって言うので」なんて、周りからプレッシャーをかけられていることも少なくありません。ママ自身は、叩いて子育てをしたくないと思っていても、甘やかしていると思われたくないという気持ちが働き、叩く子育てになっている場合もあります。また、公の場などでも、子どもが騒いだりすると「ちゃんとしつけができていない」と見られるのではと気になり、「叩いて言うことを聞かせる」というしつけ方になっていることもあります。

◉パパ自身が叩かないと決めること

女の子と男の子を比べると、男の子の方が厳しく育てられていたり、叩かれたりしている傾向があります。そのため、叩かれて育った男性が少なくありません。自分が叩かれて育ったから、「子どもが言うことを聞かなかったら叩くべき」と答えるパパもいます。叩く子育ては連鎖する傾向があります。また、ママ自身がパパに叩くことを要求する場合さえあります。

もちろん、わざと人に迷惑をかけるなどはNG。それはきっぱりと「ダメ」と伝えなくてはなりません。ただし、ダメであることを伝えるために、叩いたり、子どもに暴力をふるったりする必要はないのです。大きな大人の手で叩かれることは、子どもにとって恐怖でしょう。「なぜわからないんだ」と、何度も叩かれたらなおさらです。叩かれたからいい行動ができるというものではありません。

例えば「廊下を走ってはいけない」と決めているのに、走ったから、ルールを守らないから「叩く」「殴る」というのは、おかしな話です。走ることと叩くこと、冷静に比べてみるとわかることですね。

親のイライラによって、子どもを叩いてしまうこともあるでしょう。子どもが同じことをしても、ゆとりがあるときは「またそんなことして（笑）」と済ませられますが、イライラしていると「何で、そんなことするんだ！（怒）」となります。叩かれる子どもは、同じことなのにと、意味がわかりません。叩いても言うことを聞かなければ、何度も叩くようになりエスカレートしますし、叩いた拍子に倒れて頭をぶつけるなど重大な事故になることも少なくありません。パパもママも、「叩かない」と決めることが大切です。

◉子どもにどんな大人になってほしいのか？

20歳になったときに、どんな大人になってほしいと思いますか。「思いやりを持った人」「人の役に立つ人」「自分の考えを表現できる人」「夢の実現に向かって、頑張れる人」……。このような答えは、日本に限らず、世界各国の親の共通の願いだそうです。

子どもがおもちゃで楽しそうに遊んでいるときに、ほかの子が来ておもちゃを使いたそうにしている、持っていこうとする……。そんなとき、多くのママ・パパが「貸してあげなさい」と言うと思います。おもちゃの取り合いになって、やめなければ「やめないと、叩くよ」と脅したり、その行動をやめさせるために、本当に子どもを叩くケースがあるかもしれません。

でも、どんな大人になってほしいかを考えたとき、このような親の声かけの仕方がふさわしいでしょうか。子どもの身になれば、大好きなおもちゃで楽しく遊んでいるのに、急にほかの人に貸すというのは大変なことでしょう。大人だって、例えば、集中して本を読んでいるのに、「ちょっと貸して」なんて言われて、「どうぞ」とすぐには貸せないのと同じことです。貸すように命令されたり、叩《たた》くなど威圧されたりして貸すことはできても、それは、相手への思いやりを持った自発的な行動とは、全く違うものです。

叩くことで「NO」を伝えた場合、叩かれないようにとそのことをしなくなるかもしれませんが、それは、子ども自身が理解してその行動をする（または、しない）ようにしているわけではありません。

叩かれるのが怖いから「する」のではなく、子ども自身が考え、こうした方がいいと考えて行動できるようになることが、親の願いだと思います。

◉人に優しくできること、自分で考えられること

自分自身を考えてみたときに、人に優しくできるときは、どんなときでしょうか。例えば、心がトゲトゲしているとき、いっぱいいっぱいのときに、人に優しくするのは難しいでしょう。例えば、上司に叱られたり、夫婦ゲンカしたりしたときに人に優しくすることはなかなかできないものです。そのトゲトゲの心を、逆に周りにぶつけてしまうこともあると思います。

子どもでも同じです。まずは、心を受け止めてもらえることが大切です。集中して遊んでいたおもちゃを差し出すのは、とても大変なこと。まだ気持ちを上手に表現できなければ、「このおもちゃで遊ぶのが楽しいんだよね」「もうすぐ、○○が完成するんだよね」と、気持ちを代弁してあげましょう。その上で、「△△ちゃんが使いたいみたい、どうする？」と相談してみましょう。ちゃんと気持ちを受け止められると、「じゃあこれが終わったら貸してあげる」など、年齢にもよりますが、子ども自身が解決策を示してくれることも少なくありません。

子どもとの困った場面こそが、子どもも親も対応を学ぶチャンス。場面や、子どもの気質、親子の関係など、その対応はその都度違うでしょう。受け止めて、考えさせる。威圧や叩くことなく、対応を子どもと考えていく。そんな経験を積み重ねることで、子どもは前向きに成長していくことができます。

育児情報誌「miku」
http://www.kosodate.co.jp/miku/

全国で発行している無料の育児情報誌。妊娠中から就学前までの子をもつパパ・ママが読者。

NPO法人 子どもすこやかサポートネット
http://www.kodomosukoyaka.net/

虐待にもつながる、子どもへの暴力・体罰をなくそうという活動を行っています。

第4章 育児・家事のパパテクニック

育児は量をこなしてスキルアップ。
おむつ替えも食事も家事も、
とにかくやってみることが大切です。

SKILL ▶▶▶

我が子の１日を知る

パパのギモン

❶「生活リズム」って何だろう?

❷ リズムなんて決めなくてもいいんじゃない?

❸ 帰りが遅くても、我が子と触れ合いたい！

生活リズムは、生活時間を整えること

子どもが生まれるとよく聞くようになるのが「生活リズム」という言葉。生活のペースを整えていきましょうということです。

大人も朝起きる時間と夜寝る時間がまちまちだったり、食事時間がバラバラだったりすると、体調がスッキリしないものです。子どもはなおさら、生活リズムが狂うと調子を崩します。

人間の体には体内時計がセットされていて、これが約25時間だそうです。１日の24時間とずれてしまうため、毎朝リセットが必要。そのためには、朝起きて朝日を浴びることが必要といわれています。朝日を浴びることは、興奮を静めて心を落ち着かせるセロトニンというホルモンを分泌する効果があるといわれています。また夜ぐっすり寝ると、成長ホルモンがしっかり分泌されます。つまり、**心と体のためにも、子どもにとって生活リズムはとても大切**ということです。

パパ子育て失敗談 大まかな計画しか立てずに外出し、授乳の時間に適した場所を見つけられず、妻からの冷ややかな視線を感じた。（土肥、９か月長女）

繰り返しが、心と体を安定させる

基本的には、朝起きる時間と、寝る時間を決めると、食事時間や活動の時間がほぼ整ってきます。朝起きる、朝ご飯を食べて活動する、お昼頃になるとおなかがすく、昼食を食べる、お昼寝、午後のお散歩、夕食、お風呂、寝る……と、1日のサイクルができあがります。ただし、それを厳密に決めておく必要はありません。多少の誤差はあるでしょうし、「今日はお祭り」という日など、ちょっと夜更かししたいということだってありますよね。「大まかにペースを整えておくことが大切」と考えましょう。

グズグズが多い子どもが、生活リズムを整えたら、夜スッキリ眠れるようになり、日中のグズグズが減った、夜の寝付きがよくなったというのもよくある話です。寝不足で疲れが取れないと、誰でもイライラしますよね。これは子どもも同じこと。夜きちんと眠れると、日中、活動的に過ごすことができるようになります。**心と体はつながっていて、体調が整うと、心も安定します。**体と心がぐんぐん成長する乳幼児期は特に、生活リズムを整えることを心がけましょう。

子どもの成長に合わせた生活リズム作り

生後1か月くらいの赤ちゃんは、寝たり起きたりの繰り返し。授乳時間も3時間おきくらいで、ママも大変です。赤ちゃんはまだ体重も軽いのですが、それでも、ほぼ1日抱っこということになれば、ママはくたくた。少しでもママが休息を取れるように、**授乳以外の抱っこはなるべくパパが請け負いましょう。**抱っこも、回数を重ねるごとに上手になっていきます。

生後2か月くらいになると、眠っている時間がだんだんまとまってきます。赤ちゃんによっては、昼夜逆転してしまう子もいますが、朝になったらカーテンを開けて明るくする、夜寝るときは暗くするというように、昼夜の区別を作っていきましょう。

パパ子育て失敗談 妻が子どもを怒鳴るのが嫌で、私が代わりに子どもに強く言うようにしたら、子どもの信頼を失った。（浅野、10歳長女・8歳次女）

▢ 我が子はどんな1日を過ごしているのか？

子どもの成長や、家庭によって、１日の過ごし方は様々です。

◉Aさんの1か月児

6：00	[起床]授乳　おむつ替え [朝食作り]
7：00	[朝食]
8：00	[出勤]授乳　おむつ替え [掃除、洗濯]
10：00	授乳　おむつ替え
10：30	お昼寝するが、15分で起きる
12：00	[昼食]授乳　おむつ替え
12：30	お昼寝[ママも休憩]
14：30	起きる　授乳　おむつ替え
15：00	[買い物]ベビーカーで外出
16：00	[帰宅]グズグズ
17：00	授乳　おむつ替え
18：00	夕食準備
19：30	授乳　おむつ替え
20：00	[パパ帰宅]入浴
21：30	授乳　おむつ替え 寝かしつけ
22：00	[夕食]
23：00	授乳　おむつ替え
2：00	夜泣き　授乳　おむつ替え
4：00	夜泣き　授乳　おむつ替え

◉Bさんの２歳児

5：00	[起床][趣味の時間][朝食作り]
6：30	目が覚めると「パパ抱っこ」とせがむ
7：00	[朝食]自分でスプーンを使って上手に食べる
7：30	お着替え、排便するとき「うんち」と教える
8：00	パパと保育園へ向かう [出勤] 保育園では友達や保育士の先生たちと仲良く過ごす。トイレトレーニングなどを教わる。お昼寝もする
18：00	[お迎え]
18：30	[夕食作り]
19：00	[夕食]たくさん食べて「おかわり」と言う
19：30	パパと絵本を読んだり踊ったり
20：00	[入浴]パジャマにお着替え
21：00	寝かしつけ
22：00	[就寝]

※[　]内は親のスケジュールです。

▢ パパの活動時間と子どもの生活時間

22時以降に就寝する３歳児が半数近く（2000年日本小児保健学会報告）といわれるなど、日本の子どもたちは、世界的に見ても夜更かしです。平日のパパの帰りが遅い場合、せめて夜はパパに会えるようにと、ゆっくり寝かせておいて、夜パパが帰ってくるまで起こしておく、という家庭もあるかもしれません。

一方、「寝かしつけようとしている時間に、パパが帰ってきて、子どもの

パパ子育て失敗談　うんちのおむつ交換を嫌々していたら、その態度が気に入らないと妻に言われた。（瀧本、3歳長男・1歳長女）

目が覚めてしまい、寝る時間がずれて困る」といったママの悩みもよく聞かれます。パパが帰ってくると、子どもはうれしくて心も体も興奮状態に。こうなってしまうと、なかなか眠りにつけませんし、どんどん寝る時間が遅くなってしまいます。特別な日は別として、**できるだけ子どもの生活リズム、特に起床・就寝時間のリズムを維持しましょう。**

早寝早起きは、学力アップにも貢献

早寝早起きには、家族みんなで取り組みましょう。早起きは、パパの健康管理や仕事の効率アップにもつながります（→P.137）。子ども自身も、幼い頃からの早寝早起きが定着していくと、体のリズムが整います。小・中学生になったときに、朝ぎりぎりに起きて学校に飛び出していく……というのでは、朝ご飯もしっかり食べられなかったり、午前中ちゃんと目が覚めなくて、勉強が頭に入ってこなかったりするということにもなるでしょう。

「毎日朝食を摂る子どもは、ペーパーテストの得点が高い傾向にある」（国立教育政策研究所）という調査結果も出ており、文部科学省では「早寝早起き朝ごはん」全国協議会を設置し、子どもの基本的生活習慣の見直しを呼びかけています。

朝食の摂取と学力調査の平均正答率との関係（小学校6年生）

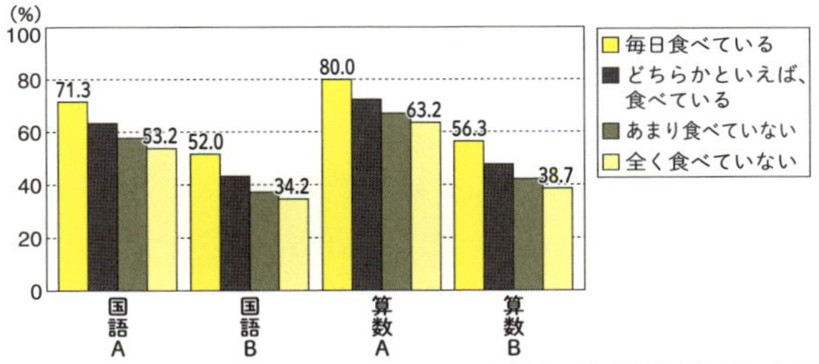

出典:文部科学省「全国・学習状況調査」(平成22年度)

今回のまとめ

★ **子どもの体と心のために、生活リズムを整えよう！**

★ **パパの時間に合わせず、子どもの時間に合わせよう！**

★ **早寝早起きは、子どもの学力アップやパパの仕事効率アップにも！**

おむつ替えから始めよう

パパのギモン

❶ おむつ替えの注意点は？
❷ うんちのおむつだけはやっぱり勘弁！
❸ トイレトレーニングはいつから始めるの？

うんちの色で健康チェック

おしっこやうんちは、子どもの健康のバロメーターです。

例えば「胆道《たんどう》閉鎖症」という病気があります。この病気の発見には、生後すぐから４か月くらいまでのうんちの色が役立ちます。早めに治療すれば改善が見込まれる病気です。ロタウイルスにかかったときも、うんちが白っぽい色になります。母子手帳に「便色の見本カード」が掲載されているので、夫婦で母子手帳をチェックしておきましょう。色だけでなく、うんちの硬さによって「おなかの調子が悪いみたい」とか、うんちの出が悪いと「便秘気味だな」と、子どもの健康に気づくきっかけになります。

おむつ替えの達人になろう！

たまに、「おしっこのおむつ替えはするけど、うんちはダメでママにお願いする」というパパがいます。それはまるで、「内線の電話は取れるけど、外線は怖くて取れない」という困った新入社員のようで、いただけません。

おむつ替えは、回数を重ねれば重ねるほど、手際がよくなってきます。例えば、一日三枚のおむつを替えれば、一年たつと千枚のおむつを替えたことになります。これだけこなす頃には、立派な「おむつマスター」になっていることでしょう。

おむつを替えてくれるということは、赤ちゃんからすると、自分の不快を取り除いてくれるということ。親子の信頼関係も、ここで育まれるのです。

パパ子育て失敗談 失敗はたくさんした気もするが、子どもが20歳になったら答えが出ると思っている。（和田、９歳長女・５歳次女）

【おむつ替えの手順】

以下は参考までに。ママのアドバイスがあれば、そちらを優先しましょう。

❶ おむつを広げ、お尻拭きは出しやすくして準備。おしっこやうんちが飛んで衣服が汚れることがあるので、着替えも手の届くところに用意しておく。

❷ 赤ちゃんのお尻の下に新しいおむつを広げて差し込む。こうすると、おむつ替えの途中におしっこをされても、周りが汚れることが少ない。

❸ おむつを開けて、お尻を拭く。うんちの場合は、女の子は菌が膣に入らないように、前から後ろに拭く。男の子は、おちんちんの周り、女の子はシワの間に、うんちの汚れが残らないように拭き取る。ゴシゴシすると肌を痛めるので、優しく拭く。

❹ 前はおへその辺りを目安に包み、きつすぎず、緩すぎないように、テープを留める。

❺ うんちはトイレに流し、おむつは小さく丸めてテープで留め、専用のゴミ箱に捨てる。

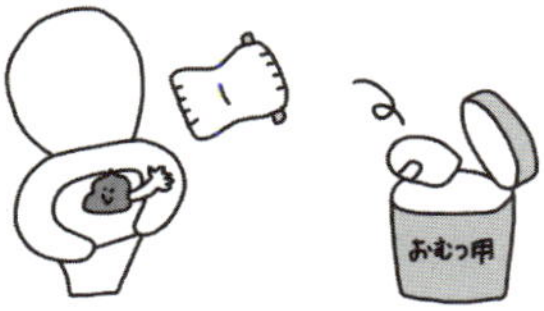

❻ おむつのゴミ捨てはかさばって意外と重いので、パパが率先して行おう。もちろん、地域のゴミ捨ての曜日も、確認しておくこと。

パパ子育て失敗談 毎年のように、子どもと遊んでケガをしている。ドッジボールで小指を骨折、少年野球で肉離れ、など。（コヂカラ・パパ、15歳長男）

トイレトレーニングは、ゆっくりと

ママのストレスになることのひとつが、トイレトレーニングです。同年齢の友達のおむつが外れたと聞くと、「うちの子はなぜ、まだ外れないのかしら。私の教え方がいけないの？」と焦ってしまうママが多いからです。時として、おばあちゃんからも「まだ、おむつ外れてないの？ 赤ちゃんだね～」なんて、悪気はないけれど、ママにとってはグサッと来る言葉をかけられることもあります。だからこそ、**パパは、「誰もがいつか外れるんだから、この子もそのうち外れるよ」というスタンスでいることが大切です。**

失敗しても叱らない

ママによっては、1歳前後など、とても早い時期からトイレトレーニングを始める人もいます。中にはそれで成功するケースもありますが、多くの場合は、タイミングが早すぎるためにトイレでできず、お漏らしすると、ママがイライラしたり、ひどく叱ったり、お尻を叩《たた》いたり……ということにつながるケースもあります。

最初の頃は、パンツにはき替えさせた途端お漏らししてしまうなんていうことも、よくある話です。ママやパパは、洗濯が増えたり、汚れてしまった床を掃除しなくてはならなかったりして、イライラしてしまうこともあるでしょう。

でも、子どもの方は、わざと失敗しているわけではありません。**叱ったり、ママやパパがイライラしたりするのは逆効果。**失敗を恐れておろおろしたり、トイレを怖がったり、頻尿になってしまったりするケースもあるのです。

「トイレでできる」は、体と言葉の準備が整ったとき

「トイレでできるようになる」には、いくつかの条件があります。新生児は、おしっこを1日に何回もしますが、それは膀胱《ぼうこう》が小さく、おしっこをためられないからです。

トイレトレーニングが成功する条件として、次のようなことが挙げられま

パパ子育て失敗談 自宅で仕事をしていたとき、子どもが部屋に入ってきて「後にして！」と強く言ってしまった。（天野、6歳長女・次女）

す。これらは、子ども自身の努力ではなく、体と言葉の発達によるものです。

まずは、おしっこが「出た」と教えてくれるようになったら、子ども用の便座やおまるを用意して、座る練習をさせてみましょう。

「トイレでできるかも」の目安

- おしっこの間隔があく(おしっこをある程度膀胱にためられる)。
- おしっこが出る、または出た感覚がわかって、教えられる。
- 「おしっこ」と伝えられる。
- トイレを怖がらない。便座に座れる。

また、生活リズム（→P.86）が整っていることも重要です。朝起きたらトイレにつれていく、出かける前にトイレにつれていく……と、生活の節目でトイレにつれていけば、タイミングよくおしっこできることがあります。うまくできたときに「おしっこできたね～」とほめることで、子どもも進んで教えてくれるようになっていきます。

トイレに行きたくなる工夫を

中には、トイレを怖がる子もいます。トイレを明るくする、踏み台を置いたり、足がぶらぶらしないように足場を作ったりする、お気に入りのキャラクターのポスターを貼る、トイレでできたらシールを貼るなど、トイレを楽しくするのも一案です。

また、男の子の場合は、年中・年長さんくらいになったら、パパのおしっこのマネをしたくなるもの。やり方を見せてあげましょう。

！ 今回のまとめ

★ **おむつ替えは、健康管理と思って、積極的に行おう！**

★ **トイレトレーニングは焦らず、成長を見極めて**

★ **男の子には、パパのトイレの様子を見せてあげよう！**

特別講座☆☆☆

お風呂にまつわるエトセトラ

東浩司 Cozy Azuma

富士ゼロックス、ワタミ、東京電力と6回の異業種転職を経て、長女の誕生をきっかけに独立。研修講師として企業や自治体でワーク・ライフ・バランス等のセミナーを行う。娘ふたりのレインボーパパ（にじのパパ）。

「娘をお風呂に入れるので、18時に退社します」長女が生まれて2か月がたった頃、私はそう言って職場でノー残業宣言をしました。娘とのお風呂タイムが、一日の中で最もプライオリティーの高いタスクになったからです。子どもが生まれるまでは仕事人間で、日付が変わるまでに帰宅したことがあっただろうかと思うほどのワーカホリック。それが、娘のお風呂をきっかけに働き方を変え、結果として生き方まで変わってしまいました。

◉お風呂はパパの出番です

ファザーリング・ジャパンに入会する前、ある雑誌の取材を受け、こんなコメントが載りました。「正直、以前は育児に関心がなかったけど、生まれた後はかわいくて……。毎日違う顔になる娘を見るのが楽しみで、生活は娘を優先しています。夜の飲み会に行っても『ちゃんとお風呂に入れてるかな』と落ち着かないので、ほとんど行かなくなりましたね。」

そう、当初は育児に熱心ではなく、妻から妊娠を知らされ「へぇ～」と返答して叱られたほどのダメ夫でした。立ち会い出産をしたときも「なんかホラー映画みたい」の感想で、パパ・スイッチが入りませんでした。父親としてやっていける自信もありません。それが、赤ちゃんと過ごす毎日の中で徐々に父親の自覚が湧き、沐浴《もくよく》でプカッと気持ちよさそうに浮かぶ娘の表情を見ながら、「パパの出番がきた！」と思ったのでした。沐浴は、首のすわらない新生児を抱えながら前屈《かが》みの姿勢で行う力仕事で、パパ向きといえます。

◉お風呂入れは段取り力で決まる

お風呂入れをなめてはいけません。お風呂入れは「段取り力」が試されるからです。作業を始める前に全体のワーク“フロー”を描き、体を拭くタオルや着替えを用意したうえで臨まないと、お風呂から上がった後に裸でウロウロすることになります。特に冬場は寒いので要注意。ママから子どもを渡されてお風呂に入れ、体を洗って「上がるよー」とママに渡すだけでは不十分。後工程のマネジメントまで行ってこそ、本物のお風呂入れといえます。

パパとママがリレー作業でお風呂入れできればベストなのですが、一人のときは本当に難儀します。浴槽ですべったりして子どもの顔がお湯に沈まないよう常に観察しなければならず、自分の体を洗うことはできません。子どもが増えて上の子と赤ちゃんをセットで入れるとなると、さらに大変です。パパの帰りが遅くてママが一人でお風呂に入れている家庭が多いと思いますが、女性が自分の髪の毛を洗えない日々が続く事態は相当につらいはずです。

◉銭湯に行こう

お風呂は、洗い方で我が子の成長を感じることができます。ねんねの頃はパパのももの上に寝かせて体や髪を洗い、お座りの頃はバスチェアに座らせ、たっちできるようになると浴槽につかまり立ちしてシャワーで流します。

そして、子どもが歩けるようになったら、一緒に銭湯に行きたいですね。大きな湯船で近所の人たちと裸の付き合いをする光景は素敵です。

私も少し関わり、川崎市と川崎フロンターレが共同企画で「一緒におフロんた～れ」を開催しました。題して「イクフロ」。「フロに行く」と「フロで育児」をかけています。私は「“スローライフ”から“フローライフ”へ」というキャッチフレーズを提案したのですが、水に流されてしまいました。

◉Xデーのこと

それから、お風呂といえば「Xデー」について触れないわけにはいきません。Xデーとは、娘から「パパとはもうお風呂に入らない！」と告げられる日のこと。私たちの定説では小学三年生の夏休みに発生するといわれ、ファザーリング・ジャパンではその日を迎えたパパがいたら、飲みに連れ出して慰めることになっています。

以上、お風呂にまつわるエトセトラをご紹介しました。中でも、お風呂入れのタスクを一人で完結させることは、パパ力を高め、子育てのしんどさを体感できる絶好の機会です。ぜひトライしてみてくださいね。

食事にも少しずつ挑戦！

パパのギモン

❶ 母乳とミルクって、どう違うの？
❷ 母乳育児だと、パパはやることないよね？
❸ 離乳食を食べさせるときの心がけは？

授乳後のげっぷは、ぜひパパが！

「パパはおっぱい出ないからな～」と、授乳関係の一切をママに全面的にお任せする必要はありません。直接乳首をくわえさせての授乳はできなくても、授乳後抱っこしてげっぷさせることは、パパでも可能です。授乳は１回に両方のおっぱいを飲ませるため、20分くらいかかることもあります。ママは赤ちゃんを抱っこしたまま、ずっと姿勢を変えられないので、それだけでも重労働。授乳の姿勢は背中が丸くなるため、肩こりにも悩まされがちです。

だから**パパがいるときは、授乳後のげっぷを引き受けましょう。**大きな胸に抱っこして背中を手のひらで優しく叩《たた》いたり、下からさすり上げたりすると「げほっ」とげっぷをしてくれます。ただし出ないときもありますから、ずっとし続ける必要はありません。

赤ちゃんの胃はとっくり型。胃の入り口の筋肉も発達していないので、おっぱいやミルクが逆流してしまうことがあります。一緒に飲み込んでいる空気も、げっぷで出させてあげましょう。

「母乳が出ないのでは……」と、ママは悩んでいるかも

最近では「母乳で育てたい」と考えるママが増えています。でも、母乳はストレスや寝不足などで、出にくくなることがあります。パパや義母からの

パパ子育て失敗談　やりすぎていっぱいいっぱいになり、自分がこんなにやっているのに、みたいな気持ちになってしまう。（藤森、13歳長男・8歳長女・次女）

「母乳足りないんじゃないの？」という言葉は、ママにグサッと刺さります。

赤ちゃんがよく泣くのも、ちょっと成長がゆっくりで小さいのも、「母乳が足りないからだね」などとママのせいにされては、ママのストレスは増すばかり。パパはぜひ、「生まれたときから小さかったし、のんびり育っているんだよ」「ちゃんと育っているから大丈夫」と、ママの盾になってあげましょう。

特に生後１か月くらいまでは、赤ちゃんもおっぱいを飲むのがうまくない場合もあります。回数を重ねるごとに上手になっていくので、「焦らないでも大丈夫だよ」と伝えてあげてください。**ママが疲れている場合は、パパが育児を買って出て、なるべくママを休ませましょう。**ストレスや睡眠不足も、母乳の出が悪くなる原因です。

ミルク作りは、パパもマスター

ミルク作りの基本は、①ミルクを計量スプーンできちんと計って、消毒した哺乳瓶に入れる、②最初は少しのお湯で溶かす、③溶けたら分量分のお湯を入れる、という流れです。赤ちゃんがやけどしないように、流水などで冷まして、人肌くらいになったら飲ませましょう。赤ちゃんが飲みやすいように、哺乳瓶の乳首はしっかりと口に含ませるようにします。

夜中の授乳もしばらくの期間続きますが、ママだけに任せていては大変です。**赤ちゃんが泣き出したら、抱っこする人と、ミルクを作る人、夫婦で手分けした方がスムーズです。**

母乳にこだわりすぎない

母乳が出にくいのに、ママ自身が母乳育児にこだわっている場合もありますが、パパの方が「母乳って、普通は出るものじゃないの？」と思っていることが、ママのプレッシャーになることもあります。

もちろん、母乳には赤ちゃんにとってとても大切な栄養素が含まれていますが、現在ではミルクの成分もほとんど変わりません。**「大変なら、ミルクも使ったら？」と、パパがアドバイスしてくれたら、ママの気持ちもグッと楽になるかもしれません。**

パパ子育て失敗談　外遊びに付き合った後疲れてしまい、お互いに不機嫌になってしまう。（柳澤、4歳長女・2歳長男）

離乳食のスタートは、ゆっくりが基本

パパもママも、どうしても「何でも早くできると安心」と思ってしまいがちです。でも、**離乳食はゆっくりスタートが基本。**早くスタートさせると、アレルギーの心配もあり、また消化器系に負担がかかるといわれています。

厚生労働省の指針によると、離乳食のスタートの目安は生後５～６か月頃。小さく生まれた赤ちゃんもいますから、お座りできるようになる頃と考えればいいかもしれません。

離乳食は、食事から栄養を摂るのが目的ではなく、固形物を食べられるようにするための練習の期間です。最初は１日に１回、とろとろのスプーン１杯からスタートして、生後10か月頃には形のある食材を、もぐもぐと食べられるように慣らしていきます。

離乳食の進め方の目安

離乳の開始 → 離乳の完了

生後5～6か月頃	生後7～8か月頃	生後9～11か月頃	生後12か月以降
なめらかにつぶしたもの	舌でつぶせる固さ	歯茎でつぶせる固さ	歯茎でかめる固さ

食べることに慣れる、楽しむ

ママもパパもそうですが、一生懸命に離乳食を作ると、ちゃんと食べてほしくて、つい怖い顔になってしまうことも。**「おいしいね」とにこやかに食べさせることを意識しましょう。**

離乳食が進んでいくステップで、赤ちゃんも成長していきます。最初はただ口を開けて待っているだけだったのに、２回食、３回食と進むと、できないのに自分でスプーンを持ちたがったり、手づかみしようとしたりします。親としては、「汚されるとイヤだな～」「片づけるの大変だな」と思ってしまいがちですが、食べる練習中ですから、汚されるのは覚悟しましょう。

離乳食後期は３回食。２回食までは大人の食事時間とは別にしている家庭も多いのですが、家族で一緒に食べる方が、食事が楽しく、食べる意欲も湧きます。**多少手間はかかりますが、家族一緒の食事を心がけましょう。**

パパ子育て失敗談　「飲むためにファザーリング・ジャパンやってんじゃないの!?」と妻がつぶやき、図星。（くるしま、13歳・10歳・8歳・6歳男）

離乳食期に食べてはいけないものに注意しよう

離乳食期の赤ちゃんには与えてはいけないものや、ある程度の時期になってから与えた方がいいものがあります。来客時など大人の食事の場で、つい赤ちゃんに食べさせてしまうことのないように、**食べさせてはいけないものを把握しておきましょう。**

特に、パパ・ママがアレルギー体質の場合は、子どもに遺伝している可能性があります。時期を見て、少しずつ与えてみるというのが基本です。ただし、怖いからといって全く食べさせないのは、栄養バランスや、いろいろな食材に触れるという観点からも、よくありません。心配な場合は、小児科医とも相談しながら、様々な食材にチャレンジさせましょう。

離乳食で与える時期に注意すべき食材の例

・はちみつ、黒砂糖
…ボツリヌス菌が存在するため、1歳未満には与えない。

・卵黄
…離乳食中期になってから固ゆでを。卵白も固ゆでして、様子を見て大丈夫なら与える。

・マヨネーズ
…生卵が主原料のため、卵黄、卵白を与えて大丈夫なら、離乳食後期以降に。

・ハム、ソーセージ
…添加物の少ないものを選ぶ。塩分も多いので、1歳以降に。

・そば
…アレルギーを起こしやすいので、2歳以降に。

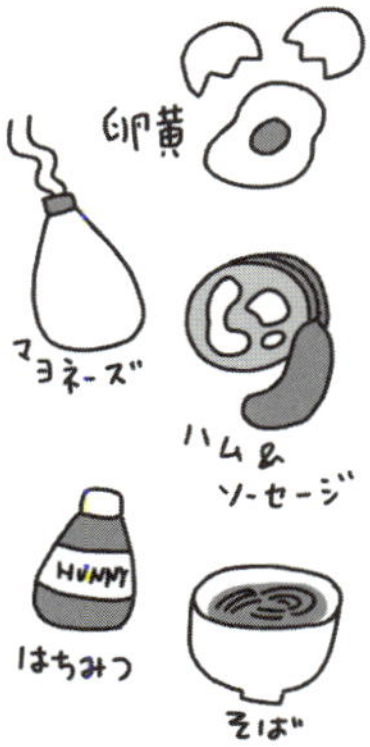

今回のまとめ

★ 母乳でも、げっぷはパパが請け負おう！

★ ミルク作りを習得しよう！

★ 離乳食は楽しく食べさせるのが基本！

パパ料理のススメ

? パパのギモン

❶「パパ料理」って何ですか？

❷ 料理が苦手でも上手に作るコツはありますか？

❸ どんな料理から作ればよいですか？

男からパパになるときが料理の始めどき

「パパ料理」と「男の料理」の違いはわかりますか？「男の料理」とは自分のおなかがすいたときに、自分の食べたいものを自分の都合で作る「男の趣味料理」。一方、**「パパ料理」は、妻や子どものおなかがすいていることに気づいて作る「お父さんの家庭料理」**です。

両者の最大の違いは、「自分軸」か「他人軸」か。私たちが勧めている「パパ料理」は自分の都合で腕をふるう料理ではありません。一人暮らしの自炊ならともかく、結婚し、子どもができたら、パパは家族の腹具合を意識して料理を作る方がよいでしょう。

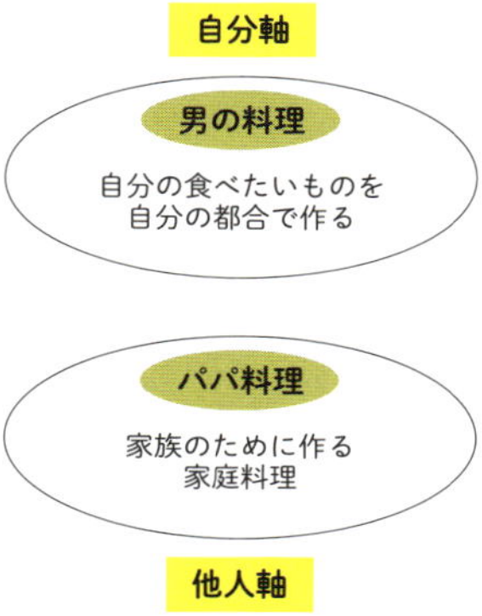

特に産前・産後のママは料理を作りたくても作れない状況が起こり得ます。そんなときに、パパがママの体に優しい料理が作れるかどうかは、これからの家庭生活に重大な影響を与えます。なぜなら、妊娠時のつらかった思い出を、女性はずっとずっと覚えているものだからです。

誰でも料理はおいしく作ることができる

料理は得意ですか？ 苦手な男性も多いことでしょう。見よう見まねで炒《いた》

パパ子育て失敗談 地域活動に力を入れすぎて家庭のバランスを崩し、妻と娘からのポイントが激減。（しあわせごちそうパパ、４歳長女）

め物ぐらいはできても、なかなかレパートリーは増えません。また、男性が作りがちな油いっぱいの高カロリーな料理ばかりでは、栄養バランスの面でもよくありません。

調理法には「炒める」以外に、「煮る」「焼く」「蒸す」「揚げる」などの方法があります。例えば、ナス料理には「揚げナス」から「蒸しナス」まであります。調理方法によってカロリーが変わり、低い順に「蒸す」「焼く」「煮る」「炒める」「揚げる」と覚えてください。産前・産後のママには「蒸す」「焼く」「煮る」がお勧めです。「油」は乳質を悪くし、乳腺を詰まらせるので控えめにしましょう。

料理の作り方がわからないという方はぜひ、料理本の「レシピ通り」に作ることにトライしてください。市販の料理本レシピは、プロの料理研究家や栄養士等によってしっかり確認して作られています。レシピは、プラモデルの設計図や作業マニュアルやガイドラインと似ています。**レシピどおり忠実に料理をすることで、プロが作ったようなおいしい一品ができあがります。**料理初心者のパパでもお店の味を作れるので、きっと家族に感激されることでしょう。

ここでの大事なポイントは、調味料をしっかり「はかる」こと。大さじ、小さじの分量、グラム、cc、時間。焦らず、ゆっくり、丁寧にやれば、絶対に大丈夫です。

自分の好きな料理から作ろう

それでは、どんな料理から作ればよいでしょうか？　冒頭で「パパ料理は妻と子どものために作る料理」と述べましたが、最初は自分が食べたい料理で構いません。パスタが好きならパスタ。カレーが好きならカレー。酒のつまみでもOKです。自分が好きな料理を作って食べて、おいしさに驚く体験をしましょう。これは、多くのパパが料理にハマるきっかけになった方法です。

「自分の好きなもの」でいいのなら、ハードルが低くなる気がするなあ。

パパ子育て失敗談　夫婦で叱る役とフォロー役を分けるルールにしたら、フォロー役は労力が半端なくかかることがわかり、共に我先に叱り役をやってしまう。（堀川、11歳長男・5歳次男）

料理のTPOが大切！

レシピ通りに料理が作れるようになったら、次に覚えてほしいのは「料理のTPO」です。中華や和食など「どんな料理が作れるか」ではなく、**「どういうシチュエーションで作る料理か」**が大切なのです。次の５つのシチュエーションを見てください。

❶ **自分料理**（自炊）
❷ **趣味料理**（男の料理）
❸ **イベント料理**（記念日、ホームパーティーなど）
❹ **家庭料理**（パパ料理）
❺ **病人料理**（熱が出たとき/体調が悪いとき）

一人暮らしの料理は❶。鍋で作ってそのまま鍋で食べてもよいでしょう。好きな料理を思いっきり作るのは❷。趣味料理は大いにやりましょう。ただし、これはゴルフや車と同じ「趣味」であり、家族に感謝はされませんよね。料理において「作ってやっている」という気持ちは捨て去りましょう。これが家族円満の秘訣《ひけつ》です。

❸は記念日やパーティーなど、友達を呼んだときの料理です。これは華やかな方がいいですね。そして、日常の家庭料理が❹のパパ料理です。ご飯、味噌汁《みそしる》、青菜、小魚といった和食は日本人の体にとても合っている料理であり、毎日食べたいものです。

そして、忘れてはならないのが❺の病人料理。お粥《かゆ》、重湯、果物など、消化がよくて食べやすく、水分補給ができるものが理想です。ただし具合によっては、何も食べない方がいい場合もあります。気になることがあれば素人判断をせず、早めに医師や専門家に相談して対応しましょう。

2～3歳でも料理を手伝えます

子どもの成長に伴い、２歳ぐらいから料理のお手伝いができるようになります。お手伝いというと少しおおげさですが、本人が楽しんでやりたがるお手伝いのことを「子《こ》手伝い」と呼んでいます。「食育コミュニケーション」と思ってください。子手伝いの例を紹介します。

パパ子育て失敗談 休日に子どもをつれまわしすぎて、疲れさせてしまった。（織田、１歳長女）

とる（枝豆のさや、プチトマトのへた、えびの背腸《せわた》など）
のぞく（鍋、電子レンジ、あさりの塩抜きなど）
さわる（いか、魚、ゴーヤなど食材全般）
まわす（野菜の水切り器、溶き卵など）
かう（一緒に買い物など）
こねる（ギョーザ、ハンバーグ、ピザなど）
むく（皮など）

上の頭文字を取って**「殿様囲む（とのさまかこむ）子手伝い」**と覚えます。これならできそうですよね。ポイントは、長時間させないこと。本人が飽きたらそれでおしまい。少しずつやることで、次第に積極的にお手伝いしたがる子どもになっていきます。

親が子どもに家でまず教えなければいけないのは、勉強よりも家事の手伝いです。身の回りのことを自分でやり、家族のために料理・掃除・洗濯ができる大人に育てるのが、いちばんの子育てなのではないでしょうか。

自分の料理で「おいしい」と言ってもらえる幸せ

食卓に座ったら自動的に食べ物が出てくる人生より、自分で食べたいものを作り、誰かに食べてもらって「おいしい！」と言ってもらえる生き方の方が、どれだけ豊かで幸せでしょう。**ぜひ「おふくろの味」に加えて「親父の味」も子どもに覚えてもらいましょう。**パパの料理で笑顔があふれる食卓を、かみしめたいものです。

今回のまとめ

★ **自分の都合ではなく家族のために作るのが「パパ料理」**
★ **レシピ通りに忠実に作ればプロのおいしさの一品ができる**
★ **「殿様囲む子手伝い」で、我が子と料理を楽しもう！**

特別講座☆☆☆

パパ料理入門レシピ

滝村雅晴 Masaharu Takimura

パパ料理研究家、株式会社ビストロパパ代表取締役。日本で唯一の「パパ料理研究家」。講演、料理教室、TV・ラジオ出演、各種メディアでの連載などの活動を行う。著書『ママと子どもに作ってあげたいパパごはん』マガジンハウスなど。

油を使わなくてもおいしい、ママの産前・産後にもいいレシピを二つご紹介します。

●ひじきの炊き込みごはん ★パパレシピ（3～4人分）

材料

米（2合）
水（2合　360cc）
しめじ（1/2パック）
まいたけ（1/2パック）
乾燥ひじき（10g）
しょうが（2枚スライス）
大葉（10枚）

A
うすくち醤《しょう》油《ゆ》（大さじ1）
酒（大さじ2）
塩（小さじ1）
出《だ》汁《し》昆布（1枚）

作り方

❶ ひじきは水につけて戻し水気を切る。しめじ、まいたけは手でばらばらにする。しょうがは千切り。大葉は丸めて千切りに。

❷ 米はきれいな水でさっと洗ってから研いで30分ほど水につけておく。

❸ 鍋に、水を切った米とAを加えて混ぜ、ひじき、まいたけ、しめじ、しょうがを加えさっとかき混ぜ、昆布をのせて蓋をし強火で沸騰させる。

❹ 沸騰したら弱火にして13分。その後15分ほど蒸らし、しゃもじで縦に混ぜたら、千切りにした大葉を振りかけ、さっとかき混ぜてできあがり。仕上げにバターをかける。
※ひじきを鶏《とり》もも肉に変えてもおいしい。

アト辛《から》おとな味
・黒七味
・山椒《さんしょう》

子《こ》手伝い
・ひじきを水で戻す
・米を研ぐ

かぼちゃと厚揚げの煮物　★パパレシピ（3〜4人分）

材料

かぼちゃ（1/4カット弱ぐらい）
にんじん（1本）
オクラ（6〜8本）
えのきたけ（1株）
厚揚げ（1丁）
豚ばら薄切り肉（200g）

A
出汁（480cc ※昆布とカツオ）
本みりん（大さじ4）
料理用清酒（大さじ2）
うすくち醬油（大さじ4）

作り方

❶ かぼちゃは種を取って洗い３㎝ぐらいにカット。にんじんは皮をピーラーでむいて乱切り。オクラは板ずり（食塩をまぶして、まな板の上でこすりつけて転がす）してへたを切る。えのきたけはいしづきを切ってばらす。厚揚げは縦半分に切り７㎜ぐらいの薄切り。豚ばら肉は３㎝ぐらいに切る。

❷ 鍋にAとかぼちゃ、にんじんを入れて蓋をして火にかけ、沸騰したら、オクラ、えのきたけ、厚揚げ、肉を加えて蓋をして中火で15分ほど煮込む。途中のぞいて肉などをほぐす。にんじんに菜箸を刺してすっと入り、肉に火が通っていたらできあがり。

❸ 時間があれば一度冷ましてから温める。
※かぼちゃを白菜にしてもよい。

アト辛《から》おとな味
・黒七味
・山椒《さんしょう》

子《こ》手伝い
・計量
・えのきたけをほぐす

このレシピは、「炊き込みごはん」と「煮物」の方程式だと思ってください。料理は方程式を覚えてしまうと、食材を変えるだけで無限にレパートリーが増えるのです。炊き込みごはんのひじきを鶏もも肉に変えてもおいしいですし、煮物は冬ならかぼちゃを白菜に変えて作るとよいでしょう。

パパごはんの日プロジェクト　http://papagohan.jp/home.html
［Facebook ページ］https://www.facebook.com/papagohan/

いつものごはんを、パパの手で。パパが日常の家庭料理を作る世の中にするための文化創造プロジェクトです。毎月第一日曜と第三水曜を「パパごはんの日」とし、Facebook ページでレシピを紹介するとともに、日本中のパパが自分の作った料理の写真を投稿しています。

パパ大好き！ と言われる遊び方

パパのギモン

❶ 子どもの好きな遊びって何？
❷ どんなおもちゃを買えばいい？
❸ 子どもが遊んでばかりですが大丈夫ですか？

パパと子をつなげる「遊び」

子どもと二人きりだと何をしたらよいかわからない、というパパはいませんか？ 子育て講座に参加したパパから、そうした悩みを聞くことがよくあります。

そんなパパは、自分が子どもの頃に楽しかったことを思い出してみてください。おそらく、頭に思い浮かんだのは「遊び」ではないでしょうか。**目の前の我が子と、かつて子どもだった自分をつないでくれるのが「遊び」です。**

子どもが楽しいと感じるとき

幼い子どもに「何の遊びをしたい？」と尋ねても、要領を得た答えが返ってくることはないかもしれません。子どもは「好き」とか「楽しい」といったことを言葉で伝えることが得意ではないからです。

子どもは心の動きと体の動きが一体で、うれしいときは体が自然に動き、手足をバタバタさせて喜びます。逆に、体を動かすうちに心も動き、走っているうちに心が沸き立って「ワー！ キャー！」と声が出てくるものです。子どもとどう遊んだらよいかわからないときは、我が子の心の動きを観察し、「笑顔」を探すことから始めてみましょう。子どもがうれしそうにしている

パパ子育て失敗談 一時期、外面《そとづら》イクメンになっていました。（早朝型レインボーパパ、5歳長男・1歳次男）

ときに「なんでこんなに楽しそうなんだろう？」と考えてみることで、子どもの好きな遊びのヒントを見つけられるはずです。

そして、子どもの笑顔を引き出すためにも、パパは子どもと関わりを多く持つことです。乳幼児期のお世話から始まって、子どもとたくさん関わることで、我が子の笑顔を引き出す遊びのネタをたくさん得ることができるでしょう。

おもちゃを与えれば十分?

子どもとの遊びではおもちゃを与えればいい、と考えたりしていませんか？ 確かに、子どもはおもちゃが大好きです。おもちゃ屋さんに行くとその場から動かなくなります。しかし、子どもはおもちゃを与えれば満足するわけではありません。身近にたくさんおもちゃがあっても、パパのそばにまとわりついてくる、なんてことはありませんか？

おもちゃが子どもにとって魅力的なのは、「応答性があること（働きかけると反応がある）」、「自分で操作できること（思い通りになる）」、「イメージを投影しやすいこと（なりきったりすること）」といった側面を持っているからです。

例えば、積み木は子どもが「電車」と言えば電車になり、ぬいぐるみは子どもが語りかける言葉をちゃんと聴いてくれます。変身ベルトを着ければ即ヒーローに、首飾りを着けたらヒロインになりきれます。

そして、これらの要素は、パパとの遊びでも十分に満たすことができます。おもちゃを与えておしまいにするのではなく、パパと子どもで一緒に遊び、子どもの遊び心を満たしてあげましょう。

どうやって遊べばいい?

子どもは、遊んでくれるパパが大好きです。おもちゃはもらった直後はすごく楽しいものですが、いずれ飽きがきます。でも、パパとの関わりはいつ

パパ子育て失敗談 子どもとあほなことばかりしていたら、子どもに「子ども扱い」されるようになった。（うっかりパパ、6歳長女・9か月次女）

も新鮮。パパが自分の表情や言葉を受け止めてくれて、一緒に遊んでくれることこそが、子どもにとって何よりうれしいのです。

子どもとの時間をすべて「楽しいこと」にしてみませんか。そして、いろんなことを「遊び」に変えてくれるパパは、子どもにとってすごく頼もしい存在です。**子どもは一緒に遊んで笑っているパパが大好きなのです。**

以下、屋外と室内での遊び方をいくつか紹介しましょう。

【外遊び編】

①散歩のススメ

子どもと一緒に、近所を歩いてみましょう。抱っこやおんぶ、肩車で歩くことで、ベビーカーに乗るときとは視点が変わり、子どもにとって新鮮な世界が展開されます。いつもと違う景色を見せてくれるパパは、子どもにとってヒーローです。

続いて、手をつなぎながら子どものペースでゆっくりと歩いてみましょう。子どもが立ち止まったら歩みを止め、今度はパパが子どもの視線に合わせて、子どもが見ているものを一緒に観察してみましょう。

子どもが見ている世界を知ると、パパにとってもいろいろな発見があるはずです。

②ダンゴムシのススメ

冬を除けばいつでも探すことのできるダンゴムシ。触ると丸くなり、しばらくすると歩き出す。ダンゴムシは子どもたちが大好きな生き物です。観察したり、遊んだり、飽きません。

ダンゴムシは、地面に近い視点の子どもにとっては身近で親しみやすい存在です。パパが一緒にダンゴムシ遊びをして、子どもの視線に寄り添ってくれると、子どもはとっても喜びます。

パパ子育て失敗談 パパ友とバーベキューをして飲んでいたら、コンロが倒れて近くにいた娘に炭が降りかかった。大やけどにはならなかったが、安全確保をしてから飲むべきと反省。（やまもと、8歳長女）

【室内遊び編】

①タオルで遊ぼう

バスタオルやタオルケットはいろいろなことに使えます。子どもと一緒にくるまったり、ブランコのようにしたり。タオルに乗せて引っ張れば、子どもにとっては遊園地のジェットコースターより楽しい遊びになります。

②お風呂で遊ぼう

毎日のお風呂も、温水プールと思えばもっと楽しめます。泡を集めて泡合戦、水鉄砲でお湯のかけ合い、入浴剤を入れたお風呂に宝物を沈めて宝探し。子どもたちと楽しい時間を作ることができます。

暑い日には水風呂で、浮き輪に水中眼鏡。それだけで楽しい遊びになります。ただ、事故のないよう、目だけは離さないようにしてください。

▣ 子どもにとって遊びは生活そのもの

大人からすれば「遊び」は暇つぶしで、「遊んでいる」というと何か悪いことをしている印象があるかもしれません。でも、**子どもにとって「遊び」は生活そのもの。子どもは遊びを通して体も心も育つので、遊びは大事です。**

子どもが小学生になると「遊んでばかりいないで勉強しなさい」と叱る親もいますが、遊びによって経験と知識が深まり、空想力が育まれます。友達との遊びの中で社会性を養うこともできます。子どもにとって遊びは、欠かすことができない栄養のようなものなのです。

! 今回のまとめ

★ 子どもの好きな遊びを知っているのはパパ！

★ 子どもはパパと一緒に遊べるおもちゃが大好き！

★ 子どもにとって、遊びは欠かすことのできない大事なもの！

特別講座☆☆☆

体を使った遊び

久留島太郎 Taro Kurushima

千葉大学教育学部附属幼児園教諭。私立幼稚園、公立幼稚園、小学校教諭を経て現職。NPO法人ファザーリング・ジャパンのほか、NPO法人タイガーマスク基金の理事としても活動する。趣味はロックンロール。4人の男子のパパ。

じゃれ合うことから始めよう。「子どもとどうやって遊んだらいい？」と構えてしまうパパも、まずは子どもとくっついて、じゃれ合うことから始めたらよいのです。抱っこしたり、おんぶしたり、揺すったり、屈伸したりするだけで、子どもにとってはスリリングな遊びになります。

◉ダイナミックな体遊び

年齢に応じて、子どもとの遊び方は変わります。本編にもあったように、歩き始めの子なら、手をつないで近所をお散歩するのだって立派な親子遊びです。子どもが大きくなってきたら、パパが得意なダイナミックな体遊びを試してみましょう。

◉リフトアップ

子どものわきの下をしっかりホールドして、持ち上げよう。上まで持ち上げてキープすると、パパ・ママの二の腕の引き締め効果もあり!

★ちょっと上級編

自信のあるパパは、子どもを空に放り投げてみよう！　もちろん、しっかりキャッチできる範囲で。

写真協力／育児情報誌「miku」

◉パパクライミング

子どもがパパによじ登る遊び。登りやすいように、膝を足場にしてあげるなどしよう。

◉背中にジャンプ！

パパはしゃがんで、子どもが背中におんぶで抱きつく。助走せず、その場でジャンプでもOK。

★成長したら

パパが中腰になって、その背中に向かって子どもが抱きつく。パパも体幹を鍛えられる。

◉メリーゴーラウンド

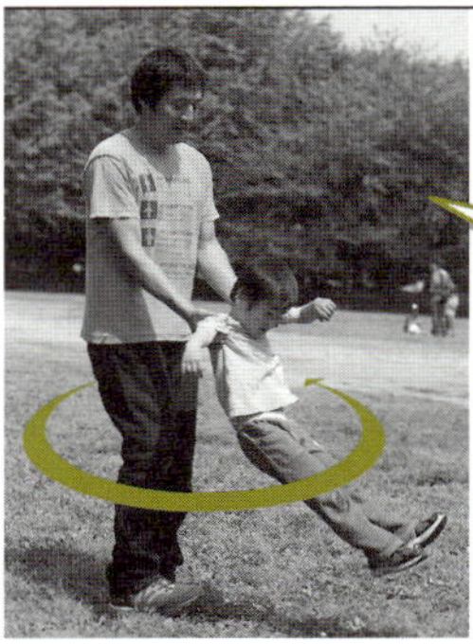

子どものわきの下をしっかり持ったら、パパがくるくる回ろう。

子どもとの遊びは、スキンシップが一番です。我が子の成長はもちろんのこと、近所の子どもたちの成長にも、目を配っていきたいものです。私は、児童養護施設の子どもたちを支援する活動を行っています。全ての子どもたちが健やかに成長できる親子関係、大人との関係、育つ環境などにも、ぜひ心を配っていきましょう。

NPO法人タイガーマスク基金　http://www.tigermask-fund.jp/

児童養護施設で暮らす子どもと、そこから巣立つ子どもの支援を行っています。月一度の勉強会のほか、不定期シンポジウムを開催。2012年にNPO設立、代表理事はFJファウンダーの安藤哲也。

絵本を楽しむ

？ パパのギモン

❶ 絵本を読むときのコツを教えてほしい！

❷ パパにお勧めの絵本はありますか？

❸ 絵本の選び方はどのようにしたらよいですか？

絵本タイムは幸せタイム

おうちで子どもに絵本を読んでいますか？ パパも子どもと一緒に絵本を楽しんでいますか？

絵本は親子のコミュニケーション・ツールです。絵本は手軽に使えるツールでありながら、子どもが喜ぶ必勝アイテム。絵本を子どもと読むと、わくわく、ドキドキ、ハラハラ、じんわり、にっこり、ほっこりとして、子どもと幸せな時間を共有することができます。**絵本タイムは、パパのお膝の特等席でスキンシップを図ったり、楽しい会話が弾んだり、親子で笑顔になる時間を味わう幸せタイムなのです。**

絵本と気軽に付き合おう

２章で男女の違いについて説明しましたが、男性はどちらかというと目的達成思考。例えば、ドライブで家族とコミュニケーションを楽しむよりも、目的地まで時間どおりに着くことに執着します。

絵本も同じで、パパは「最後まで読まなければ」と考えがち。絵本の途中で子どもがページめくりを邪魔したりすると、困ってしまいます。でも、無理に最後まで読まなくても構いません。絵本の文章どおり正確に読むことにもこだわらず、**子どもが途中で話しかけてきたら、パパも答えて、親子のかけ合いを楽しめばよいのです。**

職場でのエピソード　子どものいる社員と共通の話題ができた。（土肥、９か月長女）

絵本は寝かしつけの道具？

絵本を単なる寝かしつけの道具と考えたりしていませんか？ 絵本を寝かしつけの道具にしてしまうと、子どもが寝付かないとき、パパは目的達成できなくて、イライラしてしまうことになりかねません。

子どもにとってパパと過ごす時間が安心で快適だからこそ、好奇心を満たす行動や会話が生まれてきます。仕事で疲れているからといって、しかめっ面で読んでいると、子どもはちっとも楽しめません。**絵本は手段、親子の幸せが目的。パパも幸せな気分で絵本と付き合っていきましょう。**

パパとママの選ぶ絵本は違っていい

ところで、おうちの本棚にはママ任せの絵本が並んでいませんか？ ともすれば、ママが一人で選んだ絵本は、やさしいものや教育的配慮のあるものに偏ってしまうかもしれません。それはそれで大切にしたいところですが、**パパとママの両方が絵本をセレクトすることで多様性が生まれ、子どもの経験と想像力の幅が広がります。**

絵本を選ぶに当たっては、まずはパパが自分でおもしろい！ 読んでみたい！ と思う絵本を選んでみましょう。パパが自分でも楽しいと思う絵本を読むことで、子どもにも絵本の楽しさがきっと伝わるはずです。

絵本選び、今まで
ママに任せっきり
だったなあ。

そこでまずパパにお勧めしたいのは、冒険をテーマにした絵本です。主人公が冒険する絵本、例えば『かいじゅうたちのいるところ』（モーリス・センダック、冨山房）は、空想と現実が行き交って、子どもがドキドキできる傑作です。

ほかに、ナンセンスでばかばかしくて、思わず笑ってしまう絵本や、だじゃれがいっぱいの絵本は「パパ読んで！」と子どもに言われることでしょう。

それから、おばけや怪獣が出てくる怖い絵本もお勧めです。男性の重低音の声で怖い絵本を読むと、子どもたちは本気で怖がってくれます。

もうひとつ、ママはあまり好んで選ばないけれど、子どもたちが大好きなのは、ちょっと下品な絵本。「うんこ」や「おなら」のセリフが出てくる絵

職場でのエピソード お弁当や料理の話など女性と共通の話題ができた。子どもの好きな歌を覚えてカラオケで歌うとインパクト大。（浅野、10歳長女・8歳次女）

本を読んであげると、子どもたちは身をよじって大笑いして喜びます。

その他、「パパならではの絵本」をP.117で紹介するので、参考にしてみてください。

図書館へGO！

絵本選びで迷ったときは、まず図書館に行きましょう。**図書館を利用すれば、トライ&エラーでいろいろな絵本を試せます。家族で図書館に通うのを定例イベントにするのもよいでしょう。**

図書館ではお勧めの絵本が紹介されていますし、わからないことがあれば、図書館の職員に質問してみてください。例えば「うちの子は今おすもうさんが好きで、しりとりも好きなんです。そんな子にちょうどいい絵本はありませんか？」とリクエストをすると、『せきとりしりとり』（サトシン・高畠那生、文溪堂）といったピッタリな絵本を紹介してくれるかもしれません。

インターネットで絵本探しをする際は、絵本ナビ（http://www.ehonnavi.net/）を利用してみましょう。年齢別にお勧めの作品が紹介され、ウェブでの試し読みのほか、読者レビューも充実しています。

お気に入りの絵本を何度も読む

図書館などでお気に入りの絵本を見つけたら、ぜひ買ってあげてください。

特に赤ちゃんは絵本をかじったり、なめたりしますし、子どもが少し大きくなれば、破いたり、落書きしたりすることも……。そんなとき、ダメ！ と言わずに済ませるために、わが子専用の絵本を買うことを勧めます。いつの日か、成長した子どもがそのボロボロの絵本を見て幼かった頃を思い出し、宝物になるでしょう。

おうちでいつでも読んであげられるというのも、お気に入りの絵本を買うことを勧める大きな理由です。子どもに絵本を読んでいると、「もっかい！（もう一回！）」と言って、繰り返し読むようせがんでくることがあります。子どもは繰り返しで得られる安心感を好むからです。

職場でのエピソード　育休を取ったら会社のイベントでパネラーとして呼ばれた。（瀧本、3歳長男・1歳長女）

パパとしては一冊読み終えたら、次の新しい絵本に手を伸ばしたくなるのですが、**子どもからアンコールを求められたら、上機嫌で対応しましょう。**結果、同じ絵本を10回続けて読むこともありますが、子どもの世界に付き合ってあげましょう。パパとの幸せな時間に対して、お子さんからアンコールがかかったのですから。声色を変えるなど、パパも楽しみましょう。

絵本で子どもの成長を感じ取る

子どもが成長するにしたがって、子どもが好む絵本の傾向は変わってきます。年齢に応じて、同じ絵本でも子どもの受け取り方は異なります。どういった絵本に反応するかを確かめることで、子どもの心の成長を感じ取ることができるでしょう。「絵本を買ってあげたのに、子どもにウケなくてガッカリ。まだこの子に絵本は早いのかも」といったパパの悩みを聞くことがありますが、**子どもが成長してタイミングが合うと、以前は反応しなかった絵本を「読んで！」と子どもが持ってくることもよくあります。**絵本を買って手元に置きたい理由は、こうしたところにもあるのです。

子どもの内面的な成長や空想の広がりをイメージしながら、子どもが喜ぶ絵本を選んでみたり、子どもと一緒に絵本のページをめくったりするひとときは、かけがえのない時間です。パパ自身も絵本から発見する喜びがあったり、元気をもらえたり、優しい気持ちになれたりすることがあるでしょう。

一緒に絵本を楽しめる期間は、実は意外と限られています。「ねえ、これ読んで」と子どもが絵本を持ってきてくれるのは、ほんの数年です。**期間限定の絵本タイム＝「子どもとの幸せな時間」をしっかりと受け止めましょう。**

！ 今回のまとめ

★ 絵本を読んで子どもとの幸せな時間を共有しよう！

★ 自分が楽しいと思う絵本をセレクトしよう！

★ 絵本タイムも期間限定、絵本で幸せな時間を受け取ろう！

特別講座☆☆☆

絵本うたで楽しもう

西村直人 Naoto Nishimura

1964年福岡県生まれ。音楽家・音楽療法士。NPOえほんうた・あそびうた代表として親子で楽しめる絵本×歌×遊びの新感覚の絵本うたライブをウクレレ片手に全国の保育施設、図書館、親子講座などで行っている。パパ's絵本プロジェクトメンバーとしても活動。

ボーダレス。絵本、遊び、歌。実は、子どもたちにとって区別はありません。いないいないばあの絵本、動物がジャンプする絵本、絵本の世界を、体を使って表現してもいいし、歌い出したら一緒に歌えばいい。心をオープンにして、パパが「大きな子ども」になって子どもの目線に同化すると、子どもの世界が不思議と見えてきます。

◉絵本を読んで、子どもと歌おう

私はプロのミュージシャンとして長年活動し、有名なアーティストのキーボーディストとして演奏をしていました。そうした中、子どもが生まれて絵本を読んでいるとメロディーが浮かび、子育ての生活を歌った歌や絵本のストーリーを歌で表現した曲があふれるように湧いてきました。それらの曲は数百曲にもなりました。現在「絵本うたライブ」と名付けて全国各地で公演をしています。子どもたちは絵本が大好きで、音楽に乗せるとニコニコして踊ります。その姿を見ているパパとママもニコニコしています。

◉絵本うたで家族に笑顔を届けたい

逆に気になるのは、笑顔のない子どもたち。そんな子どもの後ろには笑っていないママがいて、その後ろに笑っていないパパがいることに気づきました。絵本の力で、音楽の力で、家族に笑顔を届けたい。僕自身が家族や子どもたちからもらった生きる力を届けたい。その喜びを絵本うたを通して日本中に、世界中に広める活動をしています。

◉西村パパがオススメ～パパならではの絵本

【怖い系】**『三びきのやぎのがらがらどん』**（マーシャ・ブラウン、福音館書店）

怪物トロルはパパの野太い声で読むと迫力満点。怖がらせた後で抱きしめたり、「パパが守ってあげるから大丈夫だよ」と伝えたりしてください。

【ナンセンス系】**『へんしーん』**（谷川晃一、偕成社）

ただただ、子どもと大笑いできるそんな絵本。上下にセパレートしたページをめくるたびに変なお顔が半分ずつ「へんしーん！」

【下品系】**『うんちっち』**（ステファニー・ブレイク、あすなろ書房）

何を言われても「うんちっち！」としか答えないうさぎのお話。タイトルだけでママが引いてしまうような絵本はパパのおこづかいで。

【クイズ系】**『きんぎょがにげた』**（五味太郎、福音館書店）

「絵本をどう読んでやっていいかわかんない」というパパは、クイズ系の絵本が鉄板です。クイズでお子さんが勝手に反応してくれますよ。

【科学系】**『これがほんとの大きさ！』**（スティーブ・ジェンキンズ、評論社）

昆虫や動物図鑑などに胸を焦がしたあの気持ちを追体験。巨大な生き物が迫ってきます。ダイオウイカの目の実物大の図など圧巻！

【社会系】**『もっとおおきなたいほうを』**（二見正直、福音館書店）

『そのこ』（谷川俊太郎、晶文社）

軍拡がテーマの前者と、子どもの貧困や不当労働がテーマの後者。大人も考えさせられるテーマを絵本で一緒に味わってみてください。

【パパはヒーロー系】**『パパ、お月さまとって！』**（エリック・カール、偕成社）

パパの偉大さと愛を伝える（子どもにもパパ自身にも刷り込める）絵本です。娘のあり得ない要望に応えるパパ、かっこよすぎ！

【歌いたくなる絵本】**『うたえほん』**（つちだよしはる、グランまま社）

パパが小さいときに歌ってくれた思い出は一生の宝です。上手ヘタは全く関係ありません。子守唄こそが世界でいちばん美しい音楽です。

NPO法人えほんうた・あそびうた　http://ehon-uta.p1.bindsite.jp/

音楽を通して「わらべごころ」を伝えることをミッションに、親子で楽しめる音楽、世代をこえて楽しめる音楽があふれる楽しい世の中にするための活動をしています。

父子旅行のススメ

パパのギモン

❶ ママっ子に「パパー」と言ってもらう秘《ひ》訣《けつ》は?

❷ パパと子どもだけで出かける際に必要なものは?

❸ どんな旅行がお勧めですか?

パパいるよー…
ママー

かわいい子とは旅しよう

パパと子どもだけで旅行に行ったことはありますか？ 昔から「かわいい子には旅をさせよ」と言われたものです。「新しいパパ」にぜひお勧めしたいのは「かわいい子とは旅しよう」。パパと子どもだけで出かけると、いろいろな発見があって楽しいものです。

父子旅行はパパ力（ぢから）が試され、鍛えられます。普段はママに頼りきりなパパも、ママがいなければ自分だけが頼りです。**まずは日帰りや近場の無理のない範囲から始めて、徐々に距離と日数を伸ばしていくことで、パパの育児力を間違いなくアップさせることができます。**

「パパー！」って言われたい

パパの中には、「子どもが自分に懐いてくれなくて、すぐに『ママー』と言われてしまう」といった悩みを持つ人がいます。そうしたパパにこそ、父子旅行はお勧めです。

ママの方が子どもに懐かれるのは、当然のことなのよ。

パパが家にいる時間が少ないと、ママの方が子どもと過ごす時間が圧倒的に長くなるため、どうしても子どもはママに懐いてしまいます。それを理由に「ママが子どもの相手をした方がいい」と考えるパパもいます。

職場でのエピソード 各所で家事や育児の体験談などを話していると、羨望のまなざし。（trenchtown、16歳長女・10歳次女・5歳長男）

でも、子どもからの懐かれ度でママには負けてしまうとはいえ、ほかの人に比べたら、パパの方が絶対に信頼されています。父子旅行のようにママがいないとき、いちばん信頼できるのはもちろんパパ。子どもも覚悟ができるので、きっと「パパー！」と言ってくれることでしょう。

お出かけ準備は入念に

お出かけ前の準備はしっかり行いましょう。おむつや着替え、タオル、飲み物など必須携帯品をリストアップし、出かける前に必ずチェック。お気に入りのおもちゃも忘れずに。ぬかりなくそろえないと、出発してから「しまった！」と痛い目に遭います。荷物のチェックを入念にするのは、仕事の出張準備と同じです。

父子旅行必需品リスト（一泊二日の場合）

- 着替え(多めに)　・おむつ(多めに)
- タオル、ハンカチ　・帽子
- 寝巻き　・カメラ
- ウエットティッシュ
  (ぬれタオルもあればgood)
- おやつ・お茶・飲み物
- お気に入りのおもちゃ、絵本
- 母子手帳、保険証、医療費受給資格証
- 薬(処方されているものがあれば)
- 抱っこひも(ベビーカーでも可)
- ビニール袋(着替えた服を入れる)
- 替えの靴(ぬれたときの予備)

お出かけ先の子連れ可のレストランや、おむつ替えができる場所も調べておかねばなりません。ある２歳の男の子のパパは、屋外で子どもにごはんを食べさせていたら「うんち！」と言われ、おむつ替えをしなければならなくなりました。慌てて荷物をまとめて近くのトイレに駆け込んだものの、おむつ替えスペースが男性トイレ内にはなく、うんちー！と泣き叫ぶ息子を前に呆然《ぼうぜん》としたそうです。

父子トラベルはトラブル続き

父子旅行に出かけると、楽しいことがたくさんあります。しかし、数でいえば大変なことの方が多いはず。慣れないうちは、ハプニングの連続になると思います。子どもがぐずったり、騒いだり、いろいろな出来事が起こります。急がなければいけないのに、アリンコをじっと見て動かなくなったり、車内で渋滞中にチャイルドシートを脱出しようと暴れたり、電車の中で大騒

職場でのエピソード　出産後にサービス残業をやめて定時に切り上げて帰っていたら、上司から「協調性がない」とお叱りを受けた。（和田、9歳長女・5歳次女）

ぎして途中下車する羽目になったり……。子どもは自分のペース、関心事で動くので、パパの思うとおりには決して行動してくれません。パパが泣きたくなるような場面も多々あるでしょう。

ママが一緒であれば、ついママを頼りにしたり、相談して決めたりすることができます。でも、父子旅行中はパパに全権委任状が渡されていますから、パパはすべて自分で判断し、行動していかねばなりません。だからこそ、父子旅行を通してパパ力《ぢから》が高まり、パパの自信が深まるのです。

父子旅行中に起こる様々な苦難を、パパ力で乗り切っていく。その頼もしいパパの姿を見ながら、子どものパパに対する信頼度は大幅にアップすることでしょう。**パパと子で力を合わせて様々な課題を乗り越えた濃厚な時間を通して、二人の絆《きずな》はかつてなく強固なものに生まれ変わります。**

そして、父子旅行を通して、普段ママがしている子育ての大変さや苦労に思いが至るでしょう。より優しい気持ちでママや子どもに接することができるようになるのも、父子旅行がもたらす恩恵です。

ママにひとり時間をプレゼント

初めての父子旅行は、ママも不安です。でも、帰宅して立派にやり遂げた姿を見て、「パパに子育てを任せても大丈夫だ」と評価が高まり、それからは安心してパパに子どもを託せるようになります。

また、**父子旅行の大きなメリットは、ママにひとり時間ができること**です。父子旅行後の感想として、ママの口から「パパがひとり時間をプレゼントしてくれたおかげで、子育てに前向きな気持ちが出てきた」と聞いたこともあります。父子旅行でママに時間をプレゼントしましょう。

健康・安全管理には気をつけて

ただ、父子旅行がお勧めだからといって、最初からスケジュールを詰め込

職場でのエピソード　単身赴任が嫌で海外赴任を拒否しまくっていたら「おまえ、いい加減にしろよ」と代わる代わる上司から言われた。（コヂカラ・パパ、15歳長男）

みすぎたり、完璧にこなそうとしたりしないでください。子どもの健康と安全が最優先です。旅行中は、子どもの体調にも敏感になりましょう。子どもが風邪を引いた、おなかを壊した、となれば無理せずすぐに対応してください。パパが無理をしすぎて子どもが体調を崩したり、事故に遭ったりしたら、ママからの信頼をかえって損なう結果になってしまいます。

家族旅行や家族×家族旅行もしよう

父子旅行ばかり楽しんでいては、ママも寂しい気持ちになってきます。家族旅行もしましょう。その際は、子どものお世話がママだけに偏らないように。ママが旅行中にのびのびと楽しんでいるか、よく見ておきましょう。

▲2012年9月FJ清里ツアー

加えて提案したいのが、「家族×家族旅行」。自分の家族だけではなく、複数の家族で一緒に旅行すると、楽しみが何倍にもなります。子ども同士はすぐ仲良くなれますし、お互いの家族と話すことで学べることも多くあります。また、子どもはほかの父親からほめられたり、叱られたりする機会を得ることで、「斜めの関係」を築くことができます。

ファザーリング・ジャパンでも、毎年秋に会員ツアーを行っています。総勢80名規模の家族×家族旅行は、それぞれの家族で刺激と学びの多い旅行となっています。

! 今回のまとめ

- ★ **かわいい子とは旅をして、パパ力を鍛えよう！**
- ★ **父子トラベルでトラブルを乗り越えながら信頼関係の絆が強まる**
- ★ **父子旅行でママにひとり時間をプレゼント**

家事の分担を考える

パパのギモン

❶ 家事を全くしていないし、できません……

❷ しているつもりなのに、ママは不満そう……

❸ 家事を楽しむコツはありますか?

学校で家事を学びましたか?

男性は35歳前後を境に家事への意識が異なるようです。20代が「弁当男子」など自然体で家事しているのと対照的に、40代以上の男性は皿洗いするにも肩に力が入ってしまうところがあります。

これには学校教育の影響が大きく関わっていると考えられます。1993年から中学校で、1994年から高校で家庭科が男女必修科目になりました。つまり、**1993年以前に中学を卒業した人は、家事を学校で学ぶ機会がほとんどなかったのです。**家事をしていないパパは、改めて学び直すつもりで始めるとよいでしょう。

デキる男は家事をする

花王が行った「家事をする既婚男性の意識・実態調査」によると、「積極的に家事をする夫は向上心があり、仕事もプライベートも充実。家族とのコミュニケーションが良好で、夫が家事をしている妻ほど生活に満足している」とわかりました。

この調査の中で「現在、十分な収入があれば離婚したいですか?」という質問がありました。結果、「離婚したい」「離婚を考えている」と答えた割合は、夫が家事をしない妻47%、夫が家事をする妻13%でした。**パパが家事をすると離婚のリスクが減るのです。**ですから、離婚の選択をされたくなければ「洗濯が苦手」などと言っている場合ではありません。

職場でのエピソード やや白い目で見られることもありますが、嫌味を言う人はおらず、人の温かみを感じました。(ゆいたんパパ、4歳長女)

やった家事を誇らない

普段、家事で何をしていますか？ パパたちの行っている家事のベスト３は「ゴミ出し」「お風呂掃除」「食器洗い」です。

ただ、ゴミ出しといっても、朝出かけるときにママから渡されたゴミ袋を収集場所まで持っていくだけでは、単なる「ゴミ移動」。部屋中からゴミを集め、分別をきちんと行い、ゴミ袋を自分の手で結わえてこそ、本当のゴミ出しといえます。

それから、自分のした家事を誇らないようにしましょう。パパはよその家と比較して自分はやっていると考える傾向があるのですが、ママからすれば常に「私に比べてあなたはやってない！」。家事は「手伝ってあげる」のではなく、フェア（公平性）を求めるのでもなく、シェアする意識で臨むべきなのです。

家事の負担はママに偏っている

家事の分担というと、炊事・掃除・洗濯などを夫婦で手分けして行うイメージでしょうか。もしかしたら、「ママも働いているから自分が家事分担するのは当然」というパパもいるかもしれません。しかし実際は、妻が働いていても専業主婦でも、夫の家事時間に大きな差はなく、共に短いのです。

ほとんどの家庭で、ママに家事の負担が偏っています。家にいるときに限らず、移動中の電車で、パパがスマホをいじっている間も、ママは「今日の晩ごはんはどうしようか」と考えています。雨が降り出し、パパが傘を持ってきたかを気にしたとき、ママは外に干した洗濯物を真っ先に心配するなど、家事のことに時間と意識を取られています。

共働きか否か別・生活時間（家事関連）
（週全体、夫婦と子供の世帯の夫・妻）

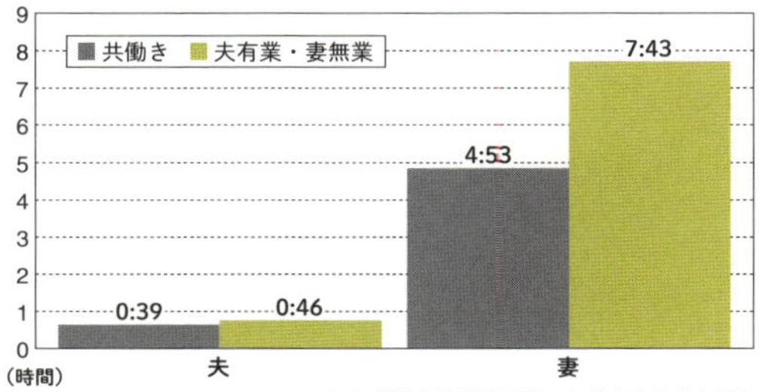

出典：総務省統計局平成23年社会生活基本調査

職場でのエピソード 双子が生まれたのが昇格直後だったが、部下や上司の協力で定時退社を続けることができた。（天野、6歳長女・次女）

家事の話題をママとしてみよう

『家事シェア白書』（NPO法人tadaima！）の調査によれば、現在の家事分担について「満足している」が20.1%、「やや満足している」が29.1%と、半数近いママが満足していました。パパが家事に前向きでいることに、ママが感謝している傾向も見られます。

実際に家事をどれだけやっているかということよりも、むしろ「家事について夫婦で話し合っていること」がママの満足度向上のポイントになっています。子育てのことや地域の付き合い、お金や仕事などのことは話しても、家事の話題は後回しにされがち。**家事のような日常のことを、夫婦で日常的に共有し合えていることが重要です。**

家事にまつわる気持ちをフォロー

家事にまつわる気持ちは、図のように「家事負担」、「関心」、「家のコト」の３つの要素から成り立っています。

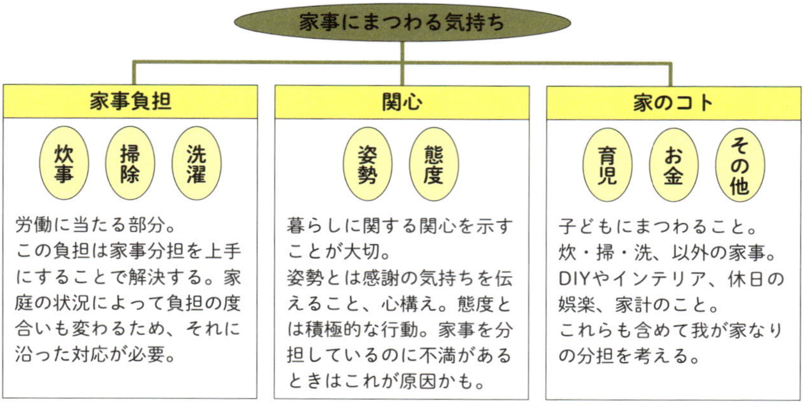
家事にまつわる気持ち
家事負担
炊事
掃除
洗濯
労働に当たる部分。
この負担は家事分担を上手にすることで解決する。家庭の状況によって負担の度合いも変わるため、それに沿った対応が必要。
関心
姿勢
態度
暮らしに関する関心を示すことが大切。
姿勢とは感謝の気持ちを伝えること、心構え。態度とは積極的な行動。家事を分担しているのに不満があるときはこれが原因かも。
家のコト
育児
お金
その他
子どもにまつわること。
炊・掃・洗、以外の家事。
DIYやインテリア、休日の娯楽、家計のこと。
これらも含めて我が家なりの分担を考える。

出典:家事シェア白書（NPO 法人tadaima!）

ママが家事分担に不満を持っているとしたら、どの部分がいちばん不満なのかを尋ねてみましょう。家事負担の大きさに不満なのか、パートナーの無関心な姿勢や態度に不満があるのか、その他のことが気にかかっているのか。ママの気持ちを確かめましょう。

職場でのエピソード　なぜ残業しないで仕事が進められるのか上司に聞かれた。（いがちゃん、２歳長女）

産後や復職後でママが家事に注力できない時期もあります。病気や介護の時期など、パパの家事負担が大きくなり、うまくこなせないこともあり得ます。そうしたときは「今はできない時期なんだ」と互いに了解し、家事代行を検討するのもひとつの手です。

パパの家事はクールにきめる！

家事を分担するに当たっては、夫婦でルールを決めるとよいでしょう。家事は日常の繰り返しで、職場のルーティンワークと似ています。日常業務として、「やる！」と決めてしまいましょう。日常業務で上司に評価を求めないのと同じく、家事で妻から評価は求めず、涼しい顔で掃除機をかけて、クールにきめればよいのです。

また、**家事という地道な作業の中にも自分なりのこだわりを見いだすことで、やる気スイッチが入ります。**仕事のメールで即レスをモットーとする人なら、ゴミを見つけたらすぐ捨てる。書類を取り出しやすいようファイリングにこだわる人は、たんすの整理の方法にもこだわりを見せる。クライアントの反応を想定して提案書を作る人は、家族の笑顔を思い浮かべながら料理するなど、こだわりポイントはいくつもあります。

ただ、ママが作り上げている家事のルールを侵さないように気をつけなければなりません。「洗濯物はパンパンしてしわ伸ばししなくちゃダメ！」「コップを置く位置はそこじゃない！」とママに叱られ、家事をやる気をなくしたパパもたくさんいるので、要注意です。

! 今回のまとめ

★ **デキる男は家事をする。離婚防止にもつながる**

★ **家事について夫婦で話し合い、日常的なことを共有しよう！**

★ **家事はルーティンワーク。こだわりを持ちつつ、クールにきめる！**

特別講座☆☆☆

兼業主夫からのメッセージ

堀込泰三 Taizo Horikomi

1977年千葉県生まれ。大学院を経て自動車メーカーでエンジン開発に携わる。2007年長男誕生時に2年間の育休を取得。その後、家族との別居生活を経て「子育て主夫」に転身。現在は翻訳家として在宅で働きながら二児を育てる。著書に『子育て主夫青春物語』（言視舎）。

今から６年前。第１子の妊娠がわかり喜んだのもつかの間、妻の職場では育休が取れないことが判明しました。そこで夫婦で話し合い、私が２年間の育休を取得することになりました。当時私は自動車会社のエンジニア。別に子どもが好きだったわけではありません。ただ、二人とも仕事を辞めないための手段が、私の育休取得以外になかったのです。

いろいろな初めての連続に最初は苦労したものの、いつの間にか子育ての喜びを知った私。充実の２年間を経て、元の職場に復帰しました。でも、妻の米国転勤などが重なり、復職後４か月でやむなく退職することになってしまいます。今後も想定される妻の転勤のことを考え、私はどこでもできる仕事を探し、在宅翻訳の仕事を始めました。

こうして、妻がメインで働き、夫（私）は子育てをしながら家計を助けるという、我が家なりの家族のカタチができあがったのです。

◉兼業主夫の日常で気がつく矛盾

私の普段の生活リズムは、一般的な共働き家庭のママとそれほど変わりはありません。朝起きて、朝食を準備し、子どもたちを着替えさせ、小１の長男を見送った後、２歳の次男を保育園に送ります。自宅に戻ると洗い物を済ませ、後は在宅翻訳の仕事。５時過ぎに長男が学童から帰ってくるので、おやつを食べさせ、一緒に次男をお迎えに。帰宅して、夕飯、お風呂、就寝。そんな毎日を送っています。

こうやって男女逆転（といった表現自体がすでに矛盾なのですが）の生活を送っていると、世の中のいろんな矛盾に気づきます。例えば、児童館で出会ったママさんに、「子育てするために会社を辞めました」と言ったら、「すごいですね。辞めずに続ける方法はなかったんですか？」と聞かれたことがあります。でも、その質問をしたママだって子育てするために仕事を辞めているんですよ。つまり、同じ境遇のはずなのに、「男が育児を理由に仕事を辞めるなんて、よっぽどのことに違いない」と思われるようなのです。

またある日、久しぶりに会った大学の先輩（男性）に、「相変わらず何となく生きてるな」と言われたこともありました。その先輩は、もし自分の奥さんが子育てのために会社を辞めたら、奥さんにも「何となく生きてるな」と言うんでしょうか？ 奥さんはきっとキレると思います。

それから、小学校の保護者会。平日の昼間に開催されますが、共働き世帯の保護者も、わざわざ休みを取って出席しています。不思議なのは、出席者全員がママ（私以外）ということ。共働きなら二人とも働いているはずなのに……。などなど、世の中の大多数が「子育ては女の仕事」と思っていると痛感した出来事は、数え上げればきりがありません。

◉子育ては誰の仕事？

私が子育て主夫になって６年がたちます。その間にイクメンブームがあり、男性の子育てに対する見方は変わってきました。それでも、「子育ては女がするもの」という固定観念は、一向に変わっていないと感じます。でも、私は問いたいのです。子育ては、本当に女性の仕事なのでしょうか？

「新しいパパたち」にお伝えしたいのは一つだけです。それは、妻の仕事、いえ人生を、軽視しないでほしいということ。妻の人生は、自分の人生と同じぐらい大切なはず。だから、夫婦の話し合いを大切にし、お互いの生き方を尊重してほしい。育児も家事も、それぞれのライフステージに合わせて、夫婦で話し合いながらシェアしていく世の中こそが理想であると私は信じています。

妻「次の子の育休はどっちが取る？」

夫「前半は君で、後半に僕ってのは？」

妻「来年大きなプロジェクトがあるから、できるだけ早く復帰したい」

夫「じゃあ、僕の方を長めにしよう。早めに上司に相談しなきゃな」

そんな会話が当たり前になることを、私は願ってやみません。

パパのあるあるQ&A②

育児書には書いていないし、ネットで探しても見つからないのだけど、ちょっと聞いてみたい質問や悩み事をアンケートで集めました。本書の執筆陣が回答します。

Q. **子どもの思春期を、先輩パパたちはどうやって乗り切ったのでしょうか？**

（ゆいたんパパ/長女４歳）

A. 以前、「思春期の娘をもつ父親」のテーマでテレビに出演して対談したことがあります。悩んでいる父親は多いですね。成人した長男の育児を振り返って思うのは、あっという間だったということ。子どもの成長を心に刻み、見逃さないようにしたいところです。現在思春期の長女とは、毎日のお弁当作りで絆をつないでいますよ。　（内山）

A. 長男の思春期のとき、親が何とかしてあげようと心配しすぎたのが逆効果でした。親が人生を楽しんでいる姿を見せようと、仕事や趣味を充実させて子どもに構わなくなると、彼も生き生きし始めました。それは「自分の人生を生きろ」というメッセージ。二十歳を過ぎた今では、人生を語り合える関係に。幼かった頃、楽しく過ごした時間がたくさんあったのも大きかったと思います。　（西村）

A. 思春期になると子どもとの距離の取り方が難しいですよね。友人との交流や夜の外出など、親としては心配が尽きず、つい口を出したくなります。でも、言い過ぎると距離がますます開いてしまったり。思春期になって急に父親が出てきても、子どもの信頼を得られていなければ効果薄です。幼少期の頃から関係を育むことが大切です。（新田）

Q. **所得や地位（出世）のことが気になって、なかなか育休取得に踏み出せないパパにアドバイスを。**　（しあわせごちそうパパ/長女２歳）

A. 男性の育休は短期が多く、海外でも同様の傾向です。男性の育休推進企業では2週間を有給休暇とし、20日以内なら昇進・昇格にも影響しないことを明示しているにもかかわらず、半数も取得しないそうです。所得や地位の保障より、一度しかない人生をどう生きるかを考え、周囲に流されない自律的な父親が増えることが大切です。　（塚越）

A. 私の場合は、夫婦で収入のシミュレーションやお互いのこととして将来のキャリアも考え、戦略的に取得しましたね。所得や地位も自分だけではなく、夫婦や家族のことも含めて考えると、視野も選択肢も広がると思いますよ。カタチにこだわらずに！ でもチャンスがあるなら、ぜひ育休取得をお勧めします！　（徳倉）

Q. **妻がネガティブなとき、どうしたら元気になってもらえるのでしょうか？**　（ようちゃん/長男１歳）

A. 育児中のママが不安になったりしてネガティブになる気持ち、よくわかります。そして、そういう姿を安心してさらけ出し、弱音を言えるパパがいることは、ママの不安やストレスの解消のために重要です。ママはとても頑張っているはず。まずはそのままの姿を受け止め、頑張りを認めてあげてほしいな、と思います。　（高祖）

A. そのようなとき、ママの気持ちに寄り添い続けられることが大事です。コミュニケーションをとってママの気持ちを吐き出させたり、育児・家事の負担を減らしてあげたりと、ママがリフレッシュできる時間を作ってあげてください。　（吉田）

Q. **ズバリ、子育てのコツって何ですか？**　（新米パパ/長男10か月）

A. お子さんが赤ちゃんであれば「快」を与える存在になることです。ごはんを食べさせたり、おむつを替えたり、ベーシックな関わりを欠かさないこと。お子さんの発達段階や年齢によってコツは異なりますが、先を見通しながら戦略を立てて子育てするのが大切。「幸せな家族」というゴールを目指して、パパもしっかり役目を果たしましょう。

（小崎）

A. 子育てのコツは、親自身が笑って生きることではないでしょうか？大変なことも多いですが、親が楽しみながら生活している姿を見る子どもたちは、自然と自分の人生の主人公になれるのではないかと思います。あと、あえて言うなら、我が子以外の子どもの育ちにも関心を持つこと。「他育て」の視点も持てたらいいなと思います。（久留島）

Q. **子どもが必ず喜んでくれる遊び方ってありますか？**

（パパといっしょ/長男３歳）

A. パパたちに「子どもと遊ぶときの鉄板ネタ」を尋ねてみました。3歳くらいのパパは体を使った遊びをしている人が多いです。例えば、「バスごっこ（パパが四つんばいになって子どもを乗せて歩く）」「飛行機ビューン（子どもの体を抱きかかえてグルグル回る）」「子どもを背中に乗せて腕立て伏せ」など。怪獣ごっこやくすぐり攻撃、おかしな絵本を読んで笑い合う、子どもと一緒に冒険物語をして空想を楽しむ、といったパパもいました。お散歩や電車の旅も人気です。ちなみに、お子さんが０、１歳のパパは「いないいないばあ」が鉄板の遊び方です。

（東）

第5章
パパとしてのワーク・ライフ・バランス

「育児・家事と仕事の両立」は、
働くパパの永遠のテーマ。
ワーク・ライフ・バランス実現のための
ヒントをご紹介します。

SKILL ▶▶▶

日本のパパのワーク・ライフ・バランス

パパのギモン

❶ ワーク·ライフ·バランス=プライベート重視?

❷ それって結局、女性の育児支援のことでしょ?

❸ 長時間労働をしてはいけないの?

ワーク・ライフ・バランスって何?

ワーク・ライフ・バランス（以下、ＷＬＢ）は、一般的に「仕事と生活の調和」と訳されます。そして仕事と生活の調和が実現された社会は、次のように定義されています。

「国民一人ひとりがやりがいや充実感を持ちながら働き、仕事上の責任を果たすとともに、家庭や地域生活などにおいても、子育て期、中高年期といった人生の各段階に応じて多様な生き方が選択・実現できる社会」（内閣府ホームページより）

やりがいのある仕事をして充実感を得ると共に、家庭や地域生活で多様な生き方を選択できることが、ＷＬＢの取れた望ましい姿とされています。また、ＷＬＢのあり方は人生の各段階で変化します。**とりわけ子育て真っ盛りのパパは、仕事の役割もあるうえに家庭の責任が重なり、ワークとライフのバランスが悩ましく感じられる**ところでしょう。

「仕事とプライベートが半々」が理想ではない

時々、ＷＬＢについて「仕事とプライベートは半々が理想」と捉える人がいますが、必ずしも正しいとはいえません。

仕事の基礎力をつける20代など、仕事100％の時期があってもいいでしょう。た

職場でのエピソード 育休を取った同僚の男性から赤ちゃんの写真が送られると、彼がいなかったことで仕事は忙しかったが、その忙しさは一気に吹っ飛んだ。（おぎパパ、7歳長男・3歳次男）

だ、子どもが生まれてからも仕事づけのワークスタイルを続けて家族を顧みないと、家庭を崩壊させるリスクが生じます。**いくら会社のために頑張って倒れるまで働いても、会社は骨を拾ってくれません。最後に頼りになるのは家族です。**その点は念頭に置いておくべきでしょう。

WLBが女性の育児支援になりがちな理由

ところで、「ＷＬＢは女性の育児支援のことだ」と思っている人はいませんか？ もちろんその要素は大きいのですが、それだけではありません。ＷＬＢで今いちばん困っているのが、育児しながら働いている女性であり、そのため、仕事と育児の両立支援という側面にＷＬＢの焦点が当たっているのです。

男女別育児休業取得率の推移

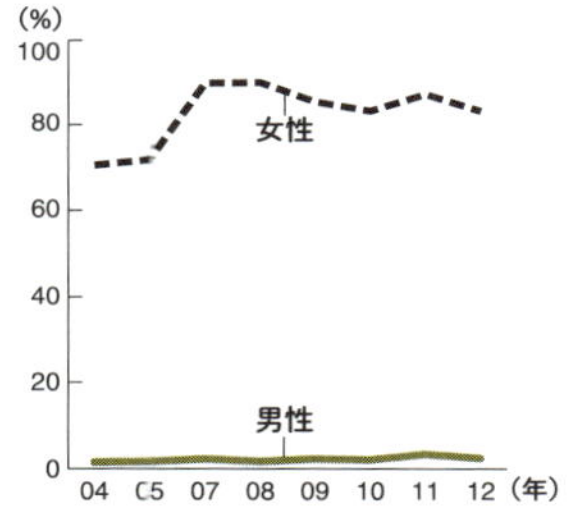

出典:厚生労働省（06年度は調査なし）

もちろん育児支援はママだけではなく、パパも対象とされるべきものです。しかし、育児休業の取得率は女性83.9％、男性1.89％（2012年度）と大きな差があるため、ママに育児支援が偏っているのが現状です。

そして、女性の育休取得率の高さの背景にある就業継続率にも注目しなければなりません。第１子が生まれた後も仕事を続けている人は38％。つまり、**出産をきっかけに会社を辞める女性が６割以上いる**のが実情なのです。

“さんきゅーパパ”になろう

身近に育休を取ったことのあるパパはいますか？　もし、あなた自身がパパ育休経験者だとしたら素晴らしいことです。

男性の育休取得率について、政府は「2020年までに13％」と目標数値を掲げています。ファザーリング・ジャパンも「さんきゅーパパプロジェクト」を進めており、男性の育休取得を推進するための様々な働きかけを行っています（http://www.fathering.jp/sankyu/）。

さんきゅーパパプロジェクトが独自に行った調査で「妻の出産後に妻のサポートや育児を目的に有給休暇や特別休暇を取得した」の質問に、「はい」と

職場でのエピソード　子どもが風邪を引いて休暇を取ると「前代未聞」と驚かれた。（柳澤、4歳長女・2歳長男）

答えたパパは47％でした。休業までしなくても、育児を目的に有休を使ったパパは半数近くおり、これを「隠れ育休」と私たちは名付けています。**男性の育休取得率が低いからといって、パパが育児をしていないわけではないのです。**

妻の出産後に、妻のサポートや育児を目的として、育児休業制度の代わりに有給休暇や特別休暇（出産休暇など）を取得したことはありますか。
※「育児休業制度」のみ利用した方は、「いいえ」をお選びください。

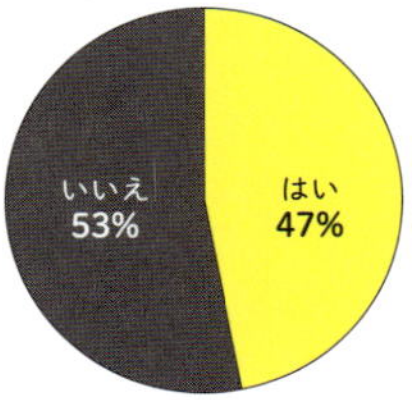

（FJさんきゅーパパプロジェクトの調査より）

長時間労働の職場では育児が困難に

日本のＷＬＢを考えたときに、最も問題とされるのは労働時間の長さです。OECD（経済協力開発機構）の統計（2010年）によれば、日本人の平均労働時間は年1733時間。数年前は年2000時間近かったことからすればかなり減ったとはいえ、フランス1500時間、ドイツ1309時間に比べるとまだまだ長いといわざるを得ません。**長時間労働はグローバルスタンダードではない**のです。

かつて日本の大企業では、深夜残業や休日の出勤、単身赴任の転勤も厭《いと》わないような、企業戦士の働き方が暗黙のルールとなっていました。

残業を当然視する職場では、育児をしながら働き続けるのが困難です。「保育所のお迎えに行かなければならないのに、夜に会議の予定を入れられて……」。夕方の時計をにらみつつ、かわいい子どもの顔を思い浮かべて悩みながら働いているパパはたくさんいます。これからの企業は共働きを前提に、仕事と育児の両立ができる働き方のルールに変更するべきでしょう。

働き方を変えよう

日本は労働時間が長い割に生産性が低いことも問題です。OECDの調査で、日本の労働生産性は34か国中20位。極端にいえば今の日本は、残業はやたらとしているけれど、能率が悪くて成果の上がらない社員のような状態に陥っているわけです。

長時間労働を是正するため、企業はフレックスタイムやノー残業デー、残業の事前申請制などの対策を講じています。同時に、生産性を高めるために、仕事の進め方の見直しを行う必要もあります。

職場でのエピソード 子育ての当事者は母親だけじゃないでしょ？ と言えた。（くるしま、13歳・10歳・8歳・6歳男）

仕事の進め方の改善は、個人の努力や創意工夫だけでは限界があるでしょう。自分ひとりが頑張っても、会社や職場の全体が変わらないことには十分な効果が得られません。**会社の制度を整えると共に、会議時間の圧縮や不要な社内書類の削減など、職場単位で取り組むことが求められます。**

女性の社会進出の鍵は「パパの家庭進出」

今、政府は女性の活躍支援に力を入れており、管理職の女性比率と就業継続率の向上を目標にし、企業に対応を求めています。そして女性が社会で活躍するためには、企業の努力以上に家庭内でのパパの協力が重要です。**女性の社会進出の鍵は「パパの家庭進出」にある**からです。

欧米では女性の管理職が30～40%います。女性の地位を優遇する「ポジティブアクション」が功を奏した背景もありますが、家庭で夫が育児・家事に積極的であるおかげで、ママがキャリアアップできることが大きいといえます。

就業者および
管理的職業従事者に占める女性の割合

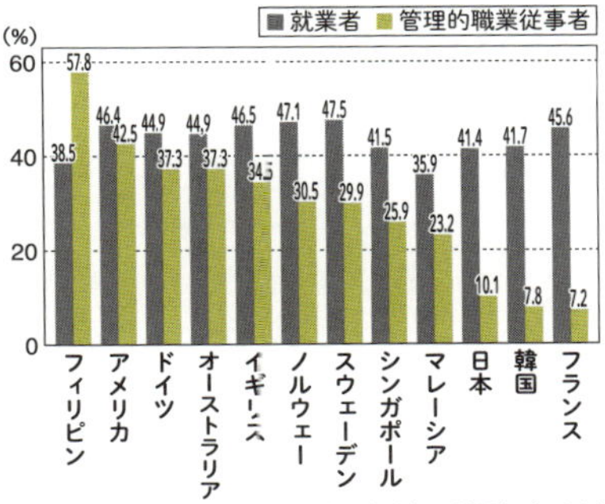

出典:「平成19年版 男女共同参画白書」より引用（一部改変）

フィリピンやシンガポール、マレーシアも管理職の女性比率が高くなっています。東南アジアの女性が活躍できるのは、メイドがいるおかげだと考えられます。毎日の家事のほか、子どもが熱を出したときも面倒を見てくれるので、女性は思いきり仕事に打ち込めます。ただ、日本でメイドを雇うのは難しく、“メイド in ジャパン”のファザーリングが求められるのです。

今回のまとめ

★ **ワーク・ライフ・バランスで家族の時間を確保しよう！**

★ **長時間労働を前提とした働き方を変えよう！**

★ **女性が活躍するための鍵は「パパの家庭進出」にあり！**

家族時間を生み出すタイムマネジメント術

パパのギモン

❶ ワーク・ライフ・バランスで工夫すべきことは?
❷ 子どもが生まれてから自分の時間がなくなった……
❸ パパになったら職場でまず何をすべき?

ワーク・ライフ・バランス実践チェック

ワーク・ライフ・バランス（以下、ＷＬＢ）で工夫できるポイントは何でしょうか？ まずは、下のチェックリストをやってみましょう。

ワーク・ライフ・バランス実践チェックリスト

□定年後やキャリアチェンジも見越して、自己啓発と人脈作りに励んでいる
□ワークとライフの優先度を会社（上司）ではなく自分（家族）が決めている
□仕事の采配や進め方を、自分である程度はコントロールできている
□社外に仕事の相談ができる人的ネットワークや仲間が存在する
□無用な残業や休日出勤はせず、時間生産性を意識して仕事に取り組んでいる
□夜のお付き合いはほどほどに、家族やプライベートの時間を大切にしている
□電車移動の時間は読書や仕事のシミュレーションなど、有効に活用している
□ネット検索や資料作成で時間を費やし、仕事したつもりになっていない
□ストレスがたまったときに発散する手段をひとつ以上持っている
□睡眠・食事・運動など、健康管理にはいつも気を配っている
□「これは自信あり」または「時間を忘れる」という趣味をひとつは持っている
□家族（子ども）との約束は、よほどのことがない限りきちんと守っている
□地域（自分が住んでいる町）の活動に関わり、何かしら貢献できている
□後輩や子どもに夢を語り、次世代の見本となれるよう胸を張って働いている
□家族や仲間に日頃から感謝の気持ちを伝え、協力を惜しまない
□家に帰るのが楽しみ…ホーム（家庭）がアウェイになっていない
□仕事が楽しい

職場でのエピソード 高齢の職人さんが多い職場で、子どもができたと伝えると孫ができたような喜ばれ方をされた。（島津、2歳長女）

リストのうち、「仕事が楽しい」「家に帰るのが楽しみ」の二つが○であれば、あなたのワーク・ライフ・バランスはひとまず合格点です。

WLBはタイムマネジメント

ＷＬＢはつまるところ、タイムマネジメントに行き着きます。限られた人生の時間をいかに充実させて生きるか、一日24時間をいかに有効に使うかが、ＷＬＢで考えるべきポイントです。時間の使い方はライフステージによって異なるでしょう。

初めての子どもが生まれると、赤ちゃん中心の生活となって時間の使い方が一変します。二人目、三人目と子どもが増えると子育てにさらに時間が費やされ、パパとママのプライベートな時間は少なくなります。そして、いずれ子どもは大きくなって、親の手から離れたときは、また新たに自分の時間の使い方を考えることになるでしょう。

朝型パパは子育て上手

子ども中心の慌ただしい日々の中で、パパはどうやってプライベートの時間を捻出すればよいのでしょうか？　その解決策のひとつは、**朝型シフト**です。子育てに熱心なパパへのアンケートでは、３分の２が「朝型」と答えました。

子育てをきっかけに朝早く起きるようになりましたか？

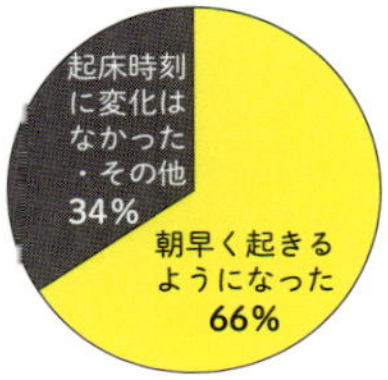

出典:パパ192人アンケート

朝型パパは早起きして、ブログの更新や読書などプライベートに時間を使っています。朝４時に起きて早朝仕事をするフリーランスのパパによれば、朝は雑音がなくて作業がはかどり、「子どもが起きる７時まで」とエンドを決めて仕事をするので集中力が高まり、こなせる仕事量が、育児を始める前の３倍以上になったとのことです。

もちろん、朝の時間を自分のプライベートではなく、家族のために使うパパもいます。早起きして息子の野球コーチをするパパもいますし、子どものお弁当を作るパパもいます。子どもが起きてきたら朝の絵本の読み聞かせをしているパパもいます。

職場でのエピソード　育休からの復職時、子どもをベビーカーに乗せてあいさつに行ったら、職場ですぐ覚えられ、「早く帰らないとお子さんかわいそうだよ」と声をかけてもらえるように。（堀川、11歳長男・5歳次男）

子育ては親の生活習慣を変えるチャンス

子どもの生活習慣は、親の生活スタイルから大きな影響を受けます。親が宵っ張りだと子どもも夜遅くまで起きてしまいがち。そして子どもは朝起きられず、朝ご飯が食べられないという悪循環になってしまいます（→P.88）。

早寝早起きに限らず、**子育ては親自身の生活習慣をよくする絶好のチャンス**です。例えば、テレビを見る習慣をやめたパパがいます。夜にテレビをつけると子どもが寝ないのを懸念し、テレビを押し入れにしまいました。テレビが居間の主人公でなくなったら、家族の時間がより濃密になったそうです。

家族で夕食の食卓を囲んでいますか？

週に何回、家族そろって夕食を食べていますか？ 平日は夕ご飯時に家に帰れていますか？ そんな問いかけをパパ向け子育て講座ですると、東京や横浜など都心部では「平日は０回」と回答するパパが最も多いのが現状です。

家族だんらんの夕食で、何気ない会話を子どもと交わす時間は貴重です。子どもの日常がわかり、お友達の名前を覚えることもできます。パパが家族の様子を把握できますし、パパが夜に家にいると家族が落ち着きます。

保育園のお迎えをいつもしているパパは、「お迎えのために16時に仕事を切り上げるのは正直ツラい。本音はもっと仕事をしたい」と言います。「でも、娘のお迎えは、かつて初恋の女の子とデートしたときと同じ心境で、一日の中で最高に楽しい時間。だから、これだけは絶対に譲れない」。

職場で「パパ宣言」をしよう！

仕事を早く終えて家に帰る工夫をしていますか？ これから検討するというパパは、**まず職場で「パパ宣言」してみましょう。**「私は子育てを大切にしているパパである」と声高に主張しなくても、ＰＣのデスクトップを子どもの写真にしたり、机の上に家族の写真立てを置いたりすることで、さりげなくアピールできます。少し照れくさいかもしれませんが、周りの女性社員からの好感度が増すこと間違いなし。

上司や同僚にも折に触れて家族の話題を口にし、あなたの優先順位を理解してもらいましょう。そうすることで、終業時刻の間際になって急な仕事を

職場でのエピソード　育休体験を周囲に話すと、女性社員の好感度がアップした。（やっしー、2歳長女）

振られ、残業を強いられるリスクが減らせるかもしれません。

育休取得もパパ宣言の一つです。あなたが育休を取得するとそれが前例となり、後に続く後輩が育休を取りやすくなります。未来のパパたちのためにも、あなたがパイオニアとなって道を作ってあげましょう（→P.144）。

先輩ママの働き方を見習おう

働き方について先輩ママたちと話すことはありますか？ 実は、ワーキングマザーの働き方はパパにとって見習うべきことが多いのです。

職場のママたちは保育所のお迎えで仕事を終了させる時刻が決まっているため、集中力の高い仕事ぶりを発揮しています。何となく残業している男性社員よりも、よほど時間生産性が高いといえます。

子どもの急な発熱などで仕事を休まざるを得ないときもあります。もし一人で仕事を抱え込んでいると、仕事がストップしてしまい、周りに迷惑をかけることにもなってしまいます。その対策として、自分が休んでも他の人にも対応できるように、マニュアルを作っているママもいます。いわゆる「業務の見える化」です。

また、ワーキングマザーは人間関係のケアを大切にし、困っている人がいたら積極的にサポートしています。仕事と育児の両立には、職場に「お互いさま」の文化を作ることが重要なのです。

今回のまとめ

★ 子育てをきっかけに早起きして、生活習慣を変えよう！

★ 家族で夕食を食べられるように早く帰ろう！

★ 働き方のノウハウを先輩ママから教わろう！

子育てと仕事はシナジーで

パパのギモン

❶ ワーク･ライフ･バランスはなぜ広がらない?

❷ 仕事と子育ての両立はどうやればいい?

❸ 子どもがいても趣味はあきらめたくない!

企業でワーク・ライフ・バランスが広がらない理由

ワーク・ライフ・バランス（以下、ＷＬＢ）が企業で広がらない理由は、男性の意識が低いことにあります。特に経営の意思決定層にワーク･ライフ･バランスに対しての理解がないことが多く、彼らは頭が固くて動かないので、ファザーリング・ジャパンでは「粘土層」と呼んでいます。

ＷＬＢの主要な課題は今、「仕事と育児の両立」になっています。しかし、育児は妻に任せきりで「いくじなし」だった中高年の男性は、企業で育児支援が必要であると言われてもピンと来ていません。育休の希望を出したパパに、上司が「お前が産むのか？」と嫌味を言うようなケースもあります。

ただ、**数年後のＷＬＢは、介護支援が主流になる**といわれています。そうなると経営層の男性にとっても我がこととなるため、おそらく状況は変わります。今のうちからWLBに取り組む企業は、いずれ大介護時代がやって来たときに、介護する社員の支援で慌てずに済むでしょう。

ワーク・ライフ・バランスは経営戦略

経営者にはＷＬＢ嫌いの人が多いのかもしれません。多くの経営者は「従業員に仕事に専念してもらいたい」と考えているので、ＷＬＢを語る相手に

職場でのエピソード 顧客と打ち合わせの時間を決めるとき「保育園のお迎えがあるよね、だったら……」と配慮してもらった。（よこい、5歳長男・2歳次男）

は仕事軽視の傾向を見て取り、敬遠することさえあります。

でも、WＬＢができている人ほど仕事がデキるとなれば、経営者の考えも変わる可能性があります。アメリカの企業でフレックスタイムやテレワークなど柔軟な働き方が進んだのは、その方が社員のモチベーションが高まり、生産性が上がると経営者が考えたからです。**WＬＢは福利厚生の施策ではなく、経営戦略なのです。**

子育てを応援する会社がもっと増えるといいわね。

また、P.114で紹介した絵本ナビは「ハードワーク。でも、子どものためならいつでも休める会社」を組織ビジョンとして掲げています。こうした会社が数多く現れてくると、子育てしながら思う存分仕事ができる社会になるはずです。

ワーク・ライフ・シナジーをねらおう！

仕事とプライベートを別々に考えていますか？ もしそうだとしたら、もったいないことです。実は、両者には相互作用があるのです。

仕事が充実してこそプライベートにも張りが出ますし、家庭に心配事がないからこそ、仕事に打ち込むことができます。プライベートの趣味や人脈を仕事に生かせたら、仕事のやりがいが増すことでしょう。

子育てにコミットすることで、様々な仕事力が向上します（→P.144）。ネットベンチャーのサイボウズ株式会社の青野慶久社長は、育休を二度取得していますが、「子育てに力を入れると会社が強くなることを世の中に知らしめます！」と宣言しています。

どうせなら、**ワークとライフのバランス（折り合い）よりも、シナジー（相乗効果）をねらいたい**ところです。ワークもライフも人生の構成要素のひとつ。子どもが小さいうちは期間限定と割りきり、思いきって子育てにシフトする生き方も、新しいパパの生き方のひとつの選択肢ではないでしょうか。得られるリターンはきっと大きいはずです。ちなみに、年を取ってから後悔することとして、男性がよく挙げるのが次の言葉だそうです。

「仕事に時間を費やしすぎず、もっと家族と一緒に過ごせばよかった」。

職場でのエピソード 保育園の送り迎えのため時短勤務を申し出たところ、快諾してもらえた。（織田、1歳長女）

ワーク・ライフは「寄せ鍋」で

ファザーリング・ジャパンでは**「ワーク・ライフ・バランスは寄せ鍋でいこう！」**と提唱しています。人生を鍋にたとえれば、仕事や家庭や趣味は具材であり、いろいろな具が混じり合っている方がよいダシが出て、おいしくなります。仕事の具しかない鍋は肉だけの鍋と同じで、食べ過ぎると胸焼けしそうです。

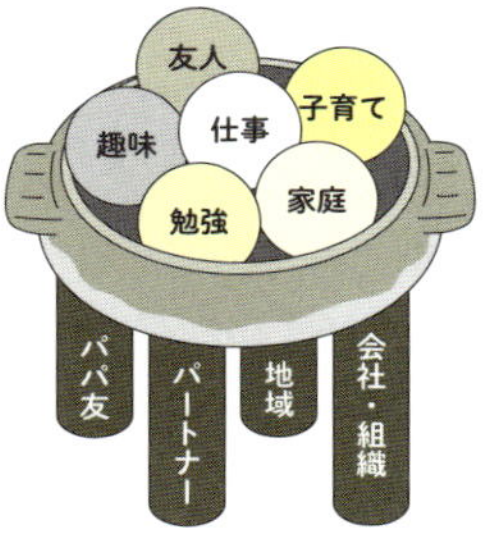

この寄せ鍋を支える柱は、パートナーやパパ友、地域です。支え合って、お互いのハッピーライフを味わい尽くしましょう。

仕事の反対は遊び？ 休み？

仕事の反対は何？ と聞かれて、何を連想しますか。ヨーロッパの人の場合、「遊び」という答えが返ってくるそうです。彼らは夏休みを1か月以上取ることもよくあり、ワーク・ライフ・「バカンス」を満喫しています。

一方、日本人に仕事の反対は何かと問えば、「休み」と答えるでしょう。勤勉をよしとする日本では、欧米のように有給休暇の取得率が高まりません。プライベートよりも仕事を優先すべきという空気が多くの職場にあります。

子育てを理由に仕事を休むことに罪悪感を持っていませんか？「子どものことで休んだらほかの人に申し訳ない」と遠慮していませんか？ でも、後ろめたいと思わなくてもよいのです。**有休を取得する権利は法律で定められています。胸を張って家族のために休暇を使ってください。**ただ、貸し借りの感覚だけは持ち、休暇を取った分だけしっかり働いて、フォローをしてくれた仲間に感謝を忘れないようにしましょう。

趣味について

子どもができて趣味をあきらめた、というパパはいますか？ そうだとしたら、ちょっと寂しい話ですね。**子どもができたからといって、必ずしも趣味をあきらめる必要はありません。**

子どもを自分の趣味に巻き込めばよいのです。アウトドアが趣味なら、子どもと一緒に旅行やキャンプに行くと楽しいはず。スポーツ好きなら、息子

職場でのエピソード　職場のボスが四児のママで理解があり、ずいぶん助かっています。（ようちゃん、1歳長男）

とキャッチボールをしたり、サッカー観戦したりするなど夢が膨らみます。パパたちに「子どもが大きくなったら何をしたいですか？」と尋ねたところ、多くが「自分の趣味を子どもとしたい」と答えました（→P.170）。

逆に子どもが興味を持ったことをパパ自身の趣味にしてもよいでしょう。子どもの影響で戦隊ヒーローやアニメにハマってしまうというのは、よくあるパターンです。**自分が子どもだったときに夢中だったことを思い出しながら、子どもと一緒に遊べるパパになれたら素晴らしいですね。**休日にしっかり子どもと遊べれば、仕事にも気力十分に臨めるはずです（→P.106）。

パパは夢を語ろう

家を出るときに「行ってきます！」と玄関で声に出していますか？ 子どもの前で「大人になるっていいぞ！」と語っていますか？

子どもに夢を持って生きてほしい、と親は思います。でも、子どもに自分の夢を語っている親はそれほど多くないような気がします。**ぜひパパは、子どもに夢を語りましょう。**夢は自分自身が輝いて生きるために必要ですが、それ以上に、子どもたちに夢を持って生きてもらうために必要なのです。

東北の被災地にある小学校で夢に関する授業をした方から聞いた話です。５年生のクラスで「君たちが将来なりたい職業は何？」と尋ねたところ、男女問わず半数以上の子どもが「自衛隊員」と答えました。多くの命を救った自衛隊員の姿が、子どもたちの目に輝いて見えたのでしょう。

パパが仕事で嫌な顔をしていたり、「疲れた」とぼやいたりしていると、子どもは「働きたい」「大人になりたい」と思えません。**仕事を楽しみ、人生を楽しんでいる姿を子どもに見せることが、ＷＬＢの原点です。**

! 今回のまとめ

★ **ワークとライフのバランスよりもシナジー（相乗効果）をねらおう！**

★ **子育てをすると多様な仕事能力が磨かれる**

★ **ワークとライフを寄せ鍋にして人生を味わい尽くそう！**

育休取得のススメ

パパのギモン

❶ パパが育休なんて取ったら出世に響くでしょ？

❷ パパがわざわざ育休を取ることの意味は？

❸ 育休の前後で、仕事と家庭はどう変わるの？

育休取得が出世の近道になる!?

日本では男性の育休取得率が1.89％（2012年度）で極めて少数派。でも育休取得希望者は男性の３割、現役パパの５割、新入男性社員の７割です（厚労省、電通、日本生産性本部調べ）。現在は希望と現実に大きなギャップがあっても、今後取得者が増えていくのは間違いありません。

とはいえ、現時点では、日本ではまだ男性の育休取得者が少ないために、彼らがその後どうなっていったのかを周囲で見る機会もないでしょう。こういうときは、育休先進国を見てみるのがいちばんです。

スウェーデンは、「両親休暇」という育児休業制度を導入して40年近くたっています。「スウェーデン企業におけるワーク・ライフ・バランス調査2005年」によれば、役職別の男性の育休取得率では、中間管理職、ホワイトカラー、ブルーカラーが７割台であるのに対し、役員は９割を超えています。この調査は2005年時点で20代～60代が回答しているため、役員時に育休を取得したというより、当時育休を取得した人が今役員になっていると考えるのが自然です。つまり、**育休取得者が相対的に出世をしている**のです。

この結果は当然といえば当然です。育休の取得によって次のような能力・適性が高まり、**総合的な人間力が向上する**からです。

- **チャレンジ精神**
- **（仕事の引き継ぎに伴う）後輩や同僚などの育成力**
- **リスク管理能力**
- **タイムマネジメント**
- **同時並行遂行能力**
- **ストレス耐性**
- **より広い視野**

職場での エピソード 二人の育休を取得して以来「育児するパパ」の表現が広まった。初対面の人から「あー、あの方ですね」と言われる。（早朝型レインボーパパ、５歳長男・１歳次男）

また、育休を経験したパパたちを見ると、出世にこだわりがなくなるパパがいる一方で、出世意欲を高めるパパも多いようです。育休という素晴らしい経験を多くの後輩たちにしてほしい、もっと出世して育休を取りやすい会社に変えたいという思いが強まるからです。

▣ パパこそ育休を取るべし

職場に育休を申し出ると「なぜ君が取得する必要があるの？」「母親が子どもを見ているなら、取る必要ないだろう」と上司などから言われるかもしれませんね。あえて言います。「パパこそ育休を取るべし！」です。

その理由は第一に、国も母体保護の観点から父親の育児を期待しているからです。法律上は産後８週間内に、父親だけに認められた育休があります(妻が専業主婦でも取得可能)。母親が安静にすべき産後８週間は、主として育児・家事をさせないことが前提にあるため、この期間は父親に育児・家事の担い手として期待しているのです。

第二に、この期間に父親が育児・家事に携われると、父親としての自覚と子どもへの愛着形成、子どもが生まれた後の新しいパートナーシップの再構築が可能となるからです。夫婦一緒に試行錯誤しながら育児をスタートするためにも、「マイタウン出産」（→P.52）をお勧めします。

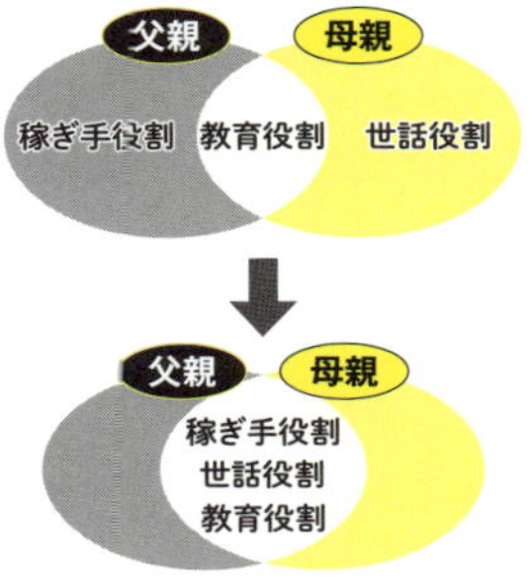

第三に、家庭内の役割の硬直化を防ぐことができるからです。親の役割には「稼ぎ手役割」「教育役割」「世話役割」があるといわれていますが、日本の多くの父親は稼ぎ手役割が中心です。しかし、これだけ環境の変化が激しい時代に、父親が稼ぎ手役割だけを担い続けることは現実的でしょうか。母親は多くの育児体験を通して世話役割を習得します。一方、子どもを産んでいない父親が世話役割を習得するには、母親以上に意識して、世話をする機会を数多く体験する必要があります。その絶好の機会が「育休」です。稼ぎ手役割に加え世話役割を習得し、安定的な家庭運営を図るための大切な研修期間となります。だから「父親こそ育休を取るべし！」なのです。

職場での エピソード 教員をしており、クラスで立ち会い出産や家事の話をしていたら、2週間の育休を取ったときも、文句なくいい子にしてくれていた。（うっかりパパ、6歳長女・9か月次女）

育休取得のハードルの越え方

育休取得の必要性がわかったところで、育休を取得するにはどんなハードルがあるのか、育休前のポイントを説明しましょう。

いちばんのハードルは、実はあなたの心の中にあります。「職場に迷惑をかけないかな」「職場に男の育休取得者いないからな」「忙しくてそんな余裕はないな」「上司が反対するだろうな」「評価が下がるだろうな」「異動させられるかもな」「妻との賃金差を考えたら自分が休むのは非現実的だな」「妻は専業主婦だしな」など、取れない理由を挙げて自分の心の中で終わらせてしまうパパはたくさんいます。これは、ある程度仕方のないことではあります。

しかし、実際に取得したパパたちに話を聞けば、**おおよそ自分の中で浮かんだハードルは、「育休を取得する」と決めてアクションを起こせば解決できるものばかり**だと気づくと言います。

- **上司に数か月前から相談し、休業中の対応策を提示し一緒に考える**
- **前もって職場の協力を仰ぎ、引き継ぎの準備をする**
- **法律的にも育休は権利として認められていることをやんわり伝える**
- **上司だけでなく人事部などを巻き込む**
- **評価や昇進・昇格基準を明確にしてもらう**
- **育休復帰後も高い意欲で働くことを伝える**

上記のようなアクションを起こし、育休パパたちは戦略的に育休を獲得しています。これらはいずれも、**仕事をするうえで必要な交渉力を育休取得時に活用している**に過ぎません。

パパが協力してくれるから、再就職も考えようかな…

育休取得時は所得の５割が社会保険から給付され、社会保険免除を含めて６割程度が所得補償されますが、手取りや賞与への影響など、休業による所得ロスは確かです。ただ、中・長期的な世帯収入を見ると、共働きであれば、夫が家庭内で世話役割を担えるようになれば、その分妻が職場で活躍できる機会も増え、継続就労、収入確保につながるでしょう。妻が専業主婦であっても、夫が育児・家事に積極的になれば専業する必要性が薄れ、再就労という選択肢が生まれるかもしれません。夫単独で稼ぐ

職場でのエピソード 職場に娘を久しぶりにつれていったところ、上司や同僚が「おー、元気か?」「大きくなったねぇ」と娘に声をかけてくれた。（やまもと、8歳長女）

場合も、育休で育児・家事の理解が深まれば、家庭が安定することで仕事に集中でき、これまで以上のパフォーマンスを発揮することが期待できます。

このように、考え得るハードルはいずれも越えられるものです。つまり、**いちばん大切なのは決意と覚悟。「育休を取得する」と決めることです。**

育休後に考えたいこと

男性の場合、育休取得の困難さばかりが話題になりますが、育休後の仕事と家庭はどうなるのでしょうか。育休後のポイントを考えてみます。

育休前と比較すると、職場でも家庭でも仕事が増える覚悟が必要かもしれません。職場では、休業中にたまった仕事や復帰を待って頼まれる仕事もあるでしょう。一方、家庭では育休前よりも育児・家事への妻や子どもからの期待が高まります。もし、復帰後に仕事の忙しさにかまけて育児・家事をおろそかにしてしまったら、妻や子どもからの期待ギャップは大きくなり、育休取得が逆効果になってしまうかもしれません。

家庭内の期待ギャップを可能な限り小さくするためには、**育休前よりも意識的に育児・家事の時間を確保する必要性**が生じます。まず、個人的に業務改善を進めることになるでしょう。しかし、多くの仕事はチームワークが必要であり、個人の取り組みでは限界があることにすぐ気づくはずです。すると、同僚や関連部署、上司の仕事の仕方が気になり始め、職場を巻き込んだ働き方改善の必要性を痛感することでしょう。働き方に悩んだら、ワーキングマザーにまず相談してみることをお勧めします（→P.139）。

職場を巻き込み、働き方改革をしていく。これが育休後のパパに課せられた使命であり、自分と会社を共に成長させる絶好のチャンスともなるのです。

! 今回のまとめ

★ **育休体験で人間力を高め、仕事で生かして出世しよう！**

★ **育児機会の少ないパパこそ育休で「父親時間」を確保**

★ **育休後に一皮むけて仕事も家庭もさらなる飛躍へ**

特別講座☆☆☆

パパの働き方革命

塚越学 Manabu Tsukagoshi

ダイバーシティ&ワークライフバランスコンサルタント、公認会計士。大手会計監査法人を経て、東レ経営研究所に転職し、企業に対するコンサルテーションを行う。長男・次男それぞれに対し育休を取得。FJ さんきゅーパパプロジェクト・リーダー。

ワーク・ライフ・バランス（以下、WLB）、みなさんの職場で進んでいますか？ え？ 進んでいない？ ノー残業デーが形骸化している？ 残業代はないと困る人が多い？ 定時で帰る人の評価が低い？ 生産性を上げるほど仕事が増える？ ……なるほどすべて、日本企業でよく聞かれる悩みですね。WLBは、労働法、職場風土、世代間ギャップ、国民意識など様々な日本の課題が複雑に絡み合っており、簡単には実現できないと思った方が無難です。日本でWLBを実現するのは「革命」レベルだと私は思っています。

◉パパのWLBが職場の働き方改革につながる

私は、パパこそWLBが必要ではないかと思っています。なぜパパなのか？ その理由を解説します。

第一に、結婚・出産を理由に６割の女性が離職します（→P.133）。一方、男性は結婚・出産で離職することはほぼありません。つまり、職場の働き方改革を実行し続けることができるのは男性なのです。

第二に、結婚・出産で離職を考えた女性を思いとどまらせたり、離職した女性が再就職する支援をしたりできるのは、会社ではなくパートナーであるパパです。ただ、パパが育児・家事を積極的にやっていなくては説得力がありません。パパのWLB、特にライフ（育児・家事）の実践が不可欠です。

第三に、職場で活躍するワーキングマザー、特にエグゼクティブなワーキングマザーには必ずといっていいほど、イクメンの夫がいます。女性の活躍と男性の育児・家事参画はセットです。夫婦でキャリア戦略を練るに当たり、パパの働き方を変える選択が求められることもあるでしょう。

第四に、子どもがいないときは仕事オンリーだった男性も、イクメンになると多かれ少なかれ理想と現実の狭間《はざま》で葛藤が生じ、ワーク・ライフ・コンフリクト（衝突）が起こります。この葛藤が働き方を変える原動力になります。仕事と家庭の両立に苦しむパパ、当事者としてWLBの実現を迫られているパパほど、働き方改革の推進役として期待できます。

◉パパは育休取得を！

今でこそ女性の育休取得率は80％を超えますが、育休制度が導入された当初は50％程度でした。結婚で寿退社することが当然視された時代に、育休を取ってまで仕事を続ける女性への風当たりは相当だったと聞きます。彼女たちの頑張りがあったからこそ、出産後の女性が働き続けられる環境ができました。

そして今、イクメンの時代とはいえ、男性が育休を取ろうとするときの風当たりはどうでしょうか。自分自身の意識や周囲の反応などに壁を感じることも多いかもしれません。しかし、ここが踏ん張りどころです。あなたが道を拓《ひら》くことで後輩が育休を取りやすくなり、ゆくゆくは未来の子どもたちに新しい社会へのバトンがつながります。育休を取得して自身の働き方を見直し、職場の働き方を地道に変えていけるパパが今待ち望まれています。パパの育休から「静かなる革命」を起こすのです。

◉イクメンの一歩先へ

イクメンになって「自分の子どもをかわいがる」「自分は早く帰る」「自分は育休を取る」といったように、家庭を大切にすること自体は結構なことだと思います。でも、どうせなら、イクメンの一歩先を行きましょう。我が子だけでなく地域の子どもたちもかわいがる、職場メンバーが早く帰れるように改善を進めるなど、自分以外への波及効果を考えながら、周囲への働きかけを行うのです。

子どもができたら、まず育休取得を検討しましょう。そして、子どもが生まれそうな同僚や後輩、友達がいたら「育休はいつ取るの？」と尋ねましょう。周りのみんなからそう聞かれたら、「育休取ってもいいのかな」と思うものです。こうした小さな積み重ねが、やがて社会構造の大きな変革へとつながります。

明日からできる「静かなる革命」を、一緒に始めてみませんか？

◎コラム

イクメンとは

“イクメン”が流行したきっかけは、2010年1月に当時の長妻厚生労働大臣が「イクメン、家事メンをはやらせたい」と発言したことでした。その後、厚労省はイクメンプロジェクトを発足。同年6月に改正育児・介護休業法が施行され、男性も育児休業を取りやすくなったことがニュースになり、テレビにもパパが育児しているシーンが多数登場しました。積極的に育児をしていることを公言するイクメン・タレントも現れ、2010年の流行語大賞トップ10に選ばれたことで、男性の育児を肯定的にとらえる社会的なムードが一気に広まりました。

イクメンがブームのピークを越えた今でも、行政主催のイクメン講座やイベントは数多く行われていますし、企業も熱心に取り組んでいます。イクメンをテーマにした企業研修のオファーがファザーリング・ジャパンに増えており、これまで様々な企業とのタイアップ事業や共同イベントを行ってきました。例えば、高島屋「イクメングッズ共同開発」、日清食品「全国育麺メニューコンテスト」、アサヒビール「パパの楽しい食育生活応援イベント」、和光堂「イクメン養成セミナー」、フクダ電子「パパの睡眠セミナー」、ニフティ「育児ブログメディア・パパスイッチ」、OKWave「教えて！ ファザーリング」、JR東日本「お父さんのためのベビーカー安全教室」、ダイソン「男の家事！ 共同企画」などがあります。

“イクメン”の派生語として、イケてる旦那を表す“イケダン”、孫育てをする“イクジイ”、地域活動に熱心な“イキメン”（→P.156）などの新語も現れました。“イクメン”が男の育児をポジティブに広めることに大きな貢献をしたといえます。

第6章 〝イクメン〟から〝イキメン〟へ

パパ育児は、「パパ友」や「地域」抜きには語れません。「ネットワーク作り」について考えてみましょう。

NETWORK ▶▶▶

育児をより楽しくするパパ友作り

？ パパのギモン

❶ パパ友って必要ですか？

❷ パパ友の作り方を教えてほしい

❸ パパたちはどんな話をしているのですか？

仲間がいると子育ては楽しい

幼稚園や保育園の送り迎えをしていますか？ 入園前のパパであれば、送り迎えをしてみたいですか？

保育園の送迎をするパパが最近は随分と増えました。彼らは、楽しそうに送り迎えをしているパパと、無表情で機械的に行っているパパの二つに分かれます。なぜそうなるのだろう？ と観察すると、保育園に友達がいるかどうかに違いがあるようです。

ほかの保護者や子どもたち、保育士の先生と仲良しのパパは、お迎えのときに「○○ちゃんのパパ、おはよう！」と声をかけられ、まんざらでもない表情であいさつを返しています。一方、園に友達のいないパパは、居心地の悪そうな顔で、早く園での用事を済ませたいという空気を醸し出しています。

ほかのパパや子どもと仲良くなるのも、いいもんだな～

日常の関わりの中で、あいさつをするパパ友やママ友がいたり、子どものことで会話ができる仲間がいたりすると、子育てはより楽しくなるものです。

パパ友たちはパパ友作りが苦手

パパ友はいますか？ あるいは、パパ友は欲しいですか？

「パパ友なんて必要ない」と考える人もいるかもしれません。でも、パパ

パパになってよかった！ 子どもの立場で考えることで自分を楽しめること、人を認めることのうれしさを知った。（浅野、10歳長女・8歳次女）

友がいる人に聞けば、きっと誰もが「パパ友がいてよかった」と答えてくれるに違いありません。

ただ、**パパたちはパパ友を作るのが決して得意ではありません。**もともとコミュニケーション欲求の強いママは、ママ友作りが比較的得意です。子育てひろばや講座でほかのママに出会うと「お子さん、いくつですか？」と気さくに話しかけ、「ウチと同じだ！」といって共感的に反応し、すぐに仲良くなってメールアドレスを交換してママ友になる、といったことがよくあります。

でも、パパは目的のない会話が苦手。子連れのパパを見て気にはなっても、怪しい人と思われたら嫌なので、いきなり話しかけたりはしません。初対面のパパに話しかけない理由について、「相手が自分より年齢が上か下かを確認しないと、敬語を使うべきかわからないから」と解説したパパもいます。

それでも、パパ友を作ろう！

このように、パパ友作りが苦手なパパが多いのですが、そうであっても、ぜひパパ友を作ることを推奨します。**パパの育児が楽しく継続できるかどうかの鍵は「パパ友の存在」にある**からです。

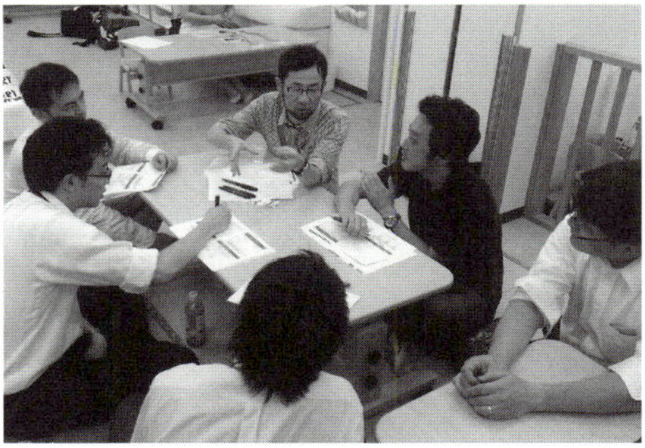

ファザーリング・ジャパンが行うパパ向けの講座では、パパ同士で語り合うワークをよく行っています。「普段どのような育児をしていますか？」などをテーマに話し合うと、いつも大変な盛り上がりを見せます。パパだって本当は、子育てのことを語りたいのです。

でも職場では、子どもの話はなかなかできないものです。地域にも子育て仲間がいないと、パパが子どもの話をする相手はママに限られます。夫婦で話し合うのはもちろん大切なことですが、夫婦のみでは話題が行き詰まることもあるでしょう。そこでクローズアップされるのが、パパ友の存在です。

パパになってよかった！ 広い視点で物事を見られるようになった。世の中の出来事に関心を持つようになった。（風船野郎、10歳長男・次男）

パパ友は利害関係のない異業種ネットワーク

パパ友がいれば、子育てについて語り合うことができ、お互いに気兼ねなく子ども自慢もできます。子育てについて心配なことを口にできれば、ホッとした気分になることもあるでしょう。

パパ友との交流は、ほかの家庭の様子をうかがい知ることができるという効用もあります。それぞれの家庭での子育てスタイルを理解することで、子育てに多様性があってよいことを実感できるようになります。お子さんが大きい先輩パパがいれば、ロールモデルとして参考になるところも多いでしょう。先輩パパの体験談を聞いたり、自分の子どもよりも年齢が上の子どもと遊んでいる様子を見たりしながら、将来の子育てシミュレーションもできます。

パパ友との交流は楽しいものです。何より楽しいのは、パパだけで集まる飲み会です。アルコールが入るとパパ同士の距離がぐっと近づきます。パパ飲み会では仕事の話題はほとんど出ません。例えば「娘は何歳まで一緒にお風呂に入ってくれるのか？」といった話題で盛り上がります。パパ友は、利害関係がなく付き合える異業種ネットワークとしても、貴重な存在なのです。

パパ友の作り方

それでは、どのようにしてパパ友を作ればよいのでしょうか？ 実は、お子さんが乳幼児のパパは、自分から動かないとパパ友はできないのです。子どもが小学生になると、PTAや子ども会、野球やサッカーのコーチなど地域にパパの出番がありますが、乳幼児のパパには地域での出番がありません。地域には子連れの男性が集まる居場所もめったにありません。

ただし、パパ友を作る方法はいろいろあります。一つは、パパサークルに入ることです。パパサークルは全国各地にあり、そこではパパ友同士の交流を楽しんでいるパパたちと出会うことができます（→P.161～163）。また、パパ向けの子育て講座への参加、特にパパスクールなど連続講座に参加すると、パパ友作りに直結します。

パパになって よかった！ 家庭が楽しく感じられること。（瀧本、3歳長男・1歳長女）

先輩パパたちの中には、子どもが通う幼稚園の園長先生と相談してパパ会を作った人、近隣に住むパパに声をかけてパパ飲み会を始めた人もいます。同じマンションの住人向けに「パパ会」のチラシを配ったパパは、最初は反応が鈍くてめげてしまいそうになりつつも、継続して行ったことでパパ友の輪が広がったそうです。

こんな話をすると、「そこまでの労力をかけてパパ友を欲しいと思わない」という声が聞こえてきそうです。しかし、そこまでしてでも、パパ友が必要な理由があるのです。それは、「セーフティーネットを作るため」です。

パパ友はセーフティーネット

パパ友は家族と自分自身にとってのセーフティーネットになります。「休日に子どもが熱を出したとき、どこの病院に行けばよいのか」など、パパ友から有益な情報を得られるでしょう。家族のトラブル解決のアドバイスをもらえたり、相談することでつらさが和らいだりすることもあります。災害時など、いざというときのパパ力《ぢから》は、ネットワークの中で発揮されることもあります（→P.78）。

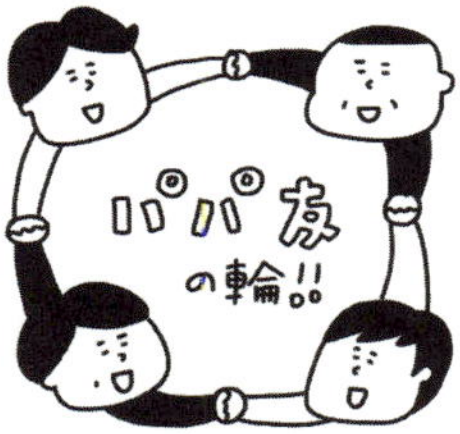

あるパパは、会社からリストラされて失業し、落ち込んでいました。地元のパパ友と飲み会があって状況を話したところ、普段からそのパパの専門性を知っていた人が新しい就職先につなげてくれて、無事に転職を果たしました。このようなウィーク・タイ（弱い絆《きずな》）は、心強い存在となります。

今回のまとめ

★ **パパが子育てを楽しく継続する鍵は「パパ友の存在」にあり**

★ **パパ友作りは身近なところから始めてみよう！**

★ **パパ友は異業種ネットワークであり、セーフティーネットでもある**

「地域活動」でパパネットワークを広げよう

? パパのギモン

❶ “イキメン”って何ですか?

❷ パパが地域活動に関わる意義は?

❸ 地域の活動に関わるにはどうすればよい?

4つの育ジ

新しいパパに求められるスタイルとして、「4つの育ジ」という考え方を紹介します。

まず一つ目は**「育児」**。自分の子どもの子育てをすること。つまり、「イクメン」になることがパパのスタートです。二つ目は**「育自」**で、親自身が育つということ。子どもを育てているようでいて、実は育てられているのは親である自分自身でもあります。「親育ち」「共育」と表現する人もいます。

この二つの育ジでも十分ではあるのですが、新しいパパとしては、さらにもう一歩踏み込みたいところ。そこで求められる三つ目が**「育地」**。地域を育てるパパになるのです。**地域活動をするパパのことを、地域の「域」を取って「イキメン」と呼んでおり、今イキメンが注目されています。**

そして最後のジは**「育次」**。次世代の育成です。次世代育成については特別講座で改めて解説します（→P.164）。

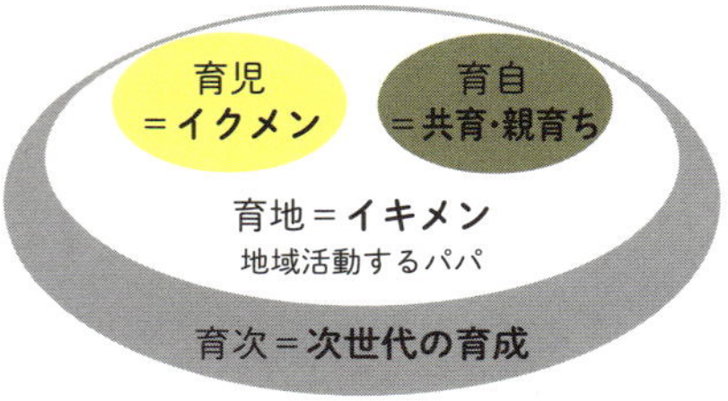

地域はわずらわしい?

ここでは育地の「地域」について考えます。おそらく独身時代や夫婦のみで暮らしていた頃は、地域とつながる必要性を感じなかったのではないでし

パパになってよかった! 自分自身と夫婦にとって世界と社会との接点が増え、未来への可能性が広がりました。（trenchtown、16歳長女・10歳次女・5歳長男）

ょうか？ むしろ、近所付き合いをわずらわしく感じていた人が多いかもしれません。

しかし子どもが生まれると、夫婦のみで子育てをするのには限界があると痛感し、地域の手助けがあればありがたいと感じることがあるでしょう。

昔の日本はムラ社会で、「向こう三軒両隣」といわれたように、子どもたちは近隣住民のたくさんの手によって支えられ、たくさんの目に見守られながら育っていくことができました。しかし今、そうした子育てを支え合うような地域コミュニティーが成り立っているところは希少です。

親のサポートが受けられる人はまだよいのですが、夫婦とも実家が遠い場合、子どもが病気になるなどちょっとしたことで行き詰まってしまいます。**ファミリーサポートなど自治体が提供するサービスを利用したり、NPO団体などのソーシャルサポートを積極的に享受したりする**ことが望まれます。例えば、病児・病後保育を事業として行うNPO法人フローレンスや、地域の人が預かり手になるファミリーサポート事業は、働くパパとママの心強い味方になっています。

→NPO法人フローレンス　http://www.florence.or.jp/

孤育てから解放させるのがパパの役目

現代の日本社会の子育てにおいてとりわけ深刻かつ重要な問題は、子育てが孤立化、かつ孤独化していること。つまり「孤育て」です。

住んでいる地域と地縁がない夫婦が増え、孤立化した状況で子どもと日々向き合っているママたちの、育児不安と育児ストレスが高まっています。不安とストレスが高じれば、育児ノイローゼや児童虐待に発展するおそれもあります。

一方、パパが育児にコミットし、「笑っている父親」になっている家庭では、おそらく虐待などの問題は起きないでしょう。**パパには、孤独になりがちな育児を地域へと拓《ひら》き、家庭を孤育てから解放させるという大きなミッションがあるのです。**

パパになってよかった!　生きる意味、生まれてきた意味がわかりました。（藤森、13歳長男・8歳長女・次女）

イキメンの効用

パパがイキメンになって地域活動を行うメリットは、当人だけではなく地域側にもあります。まず、地域が活性化する効果が挙げられます。

平日の昼間に地元を歩けばわかると思いますが、20代から40代の男性の姿を町中ではなかなか見かけません。地域活動の担い手も女性とシニア世代の男性が主であり、子育て世代の男性の地域参画は非常に少ないのが現状です。

地域活動に参加すると、パパがビジネスで培ったスキルやネットワークが生かせる場面も多く、地域の人たちから大歓迎されます。 仕事の能力を地元に還元できるのは、パパにとっても喜ばしいことでしょう。

子どもは地域社会へのパスポート

それでは、どのようにしてパパは地域へ入っていけばよいのでしょうか。地域活動と聞いて、まず連想するのはPTAや町内会でしょうか。PTAはちょっと敷居が高く、人間関係も複雑そうで、尻込みしてしまうというパパもいるでしょう。

実はそれ以外にも、身近なところからいろいろなアプローチができます。キーワードは「子どもは地域社会のパスポート」。子どもをきっかけに、地域への足がかりをつけるのです。アプローチの仕方の例を以下に挙げておきます。

- **自分の子どもが通う幼稚園や保育所の父母会の会合に顔を出す**
- **幼稚園・保育所のイベントで、力仕事のお手伝いを申し出る**
- **地元の神社のお祭りに子ども連れで参加し、主催者と仲良くなる**

また、ママ友ネットワークからパパ友を作るという方法もあります。妻がすでにママサークルなどの地域コミュニティーで活動していれば、ママ友たちのパパと仲良くなることで、「ママ公認のパパ友」ができます。

子育てひろばデビューをしよう

かつて「公園デビュー」という言葉がありましたが、今では平日の公園に

パパになってよかった! 毎日、帰宅して家族の顔を見るとき。（コヂカラ・パパ、15歳長男）

子どもの姿を見かけることは少なく、代わりに子育てひろばに親子が集まっています。子育てひろばとは、主に０～３歳児と保護者を対象に、子ども同士が遊び、親同士の交流や情報交換ができる場です。厚生労働省の地域子育て支援拠点事業として、市町村から委託された社会福祉協議会やNPOなどが運営しています。

子育てひろばへのパパ子お出かけは、手軽に始める地域デビューとしてお勧めです。土日はひろばの入場者にパパが増えており、子どもと過ごしていれば居心地の悪さも感じないで済むでしょう。

子育てひろばのスタッフはパパの来訪に慣れていることが多く、ちょっとした相談にも乗ってもらえます。地元の耳寄りな子育て情報が集まっているほか、パパ向けの講座を実施しているところが多いのもポイント。逆に、パパの方からイベント企画を持ちかけるといったことも可能でしょう。

パパは地元の男の子のロールモデルになろう

また、先に述べた大人の男性を地域で見つけることができないことは、特に男の子にとっては、大きなマイナスです。

女の子の場合、自分が大人になったときの想像をしたとき、周りに大人の女性はたくさんいるので、彼女たちをサンプルに将来をイメージすることができます。一方、男の子たちの周りに大人の男性があまり見当たらないため、ロールモデルが少なく、将来自分が大人になったときのイメージが湧きません。

ぜひ、地域にも積極的に関わり、地元の子どもにとってカッコいい大人の見本になってください。

今回のまとめ

- ★ **4つの育ジ～育「児」「自」「地」「次」でイクメンの一歩先へ**
- ★ **子どもは地域のパスポート。子どもをきっかけに地域と関わろう！**
- ★ **子育てひろばデビューから始めよう！**

パパサークルに入ろう、作ろう

パパのギモン

❶ パパサークルはどこにありますか？

❷ パパサークルでは何をやっていますか？

❸ パパサークルの作り方を教えてください

地元は最高のトレジャーランド

パパサークルに興味はありますか？ 2006年に設立されたファザーリング・ジャパンは年々活動の幅を広げ、各地に支部もあります。ほかにも、この数年でパパサークルが全国各地に増えました。地元にサークルがなかったので有志のパパが立ち上げたケースや、パパ・スクールの卒業生同士で始めるなど様々なパターンがあります。

例えば横浜では、市が主催した横浜イクメンスクールを卒業したパパたちでサークル活動を始めました。地元の子育て施設と協力し、「育児レンジャー」を結成しました。振り付けや主題歌などを自分たちで考え、何度も稽古をして臨んだレンジャーショーは大評判で、地元の保育園などに招かれるようになりました。初演を終えたとき、あるパパが口にした感想が印象的でした。「地元は、ディズニーランドより楽しい！」

子どもたちは遠くの遊園地も好きですが、近所で遊ぶのも大好きです。地元がトレジャーランド（宝島）となってパパがヒーローで活躍する姿は、（たとえ悪役のボス役であったとしても）子どもにとってとてもうれしいことなのです。

▲育児レンジャーショー

パパになってよかった! 人から愛される喜びを知った。自分の命よりも大切なことを知った。（ゆいたんパパ、4歳長女）

□全国各地で精力的に活動しているパパサークル

全国各地にあるパパサークルのうち、ここでは10団体を紹介します。

北海道

めむろパパスイッチ

めむろパパスイッチは「パパの気持ちを家族にスイッチしよう」という思いのもと、芽室町と育児ネットめむろが協力して誕生。父親が子育てに積極的に参加することが家族の幸せに、そして子どもの幸せにつながるはず…そしてみんなで一緒に子育てして、子どもを育てやすい、子育てが楽しくなる町にしていきたい。そんな思いを持つパパが集まり、講演会の開催や石窯づくり、料理教室、おもちゃ遊びなど多彩な企画を開催中！

URL http://www.ikujinet.jp/papa/
お問合せ info@ikujinet.jp

東北

あきた木木《もくもく》遊び隊

通称「もくもく隊」。子育て世代が家族と一緒に、森や木で楽しむ「木育」をテーマとして2010年に結成。「笑い・語らい・茶化しあい」をモットーに、もくもくと笑顔で活動中。「椎茸《しいたけ》収穫や里山散策」、「秋田杉を活かしたマイ箸づくりやミニ門松づくり」などパパたちの得意技を生かしながらワークショップを展開している。秋田県森林祭、千秋公園Jazzインプレッションなどへブースを出店し、子育て世代との交流を深めている。

URL http://akimoku.exblog.jp/
お問合せ akitamokumoku@gmail.com

関東

さいパパ

さいたま市を拠点に活動するパパ友のネットワーク。『パパがつながることでできることがある。』を合い言葉に、基幹事業である「パパがパパを育てる循環型プロジェクト～さいたまパパ・スクール」を始め､「さいパパ塾」や「さいパパ’sキッチン」などパパたちによる楽しい自主企画を通じて、子育てについての情報交換ができる機会を提供している。ここには地域に根ざしたパパのつながりの中で、家族みん～なの笑顔とワクワクがある。

URL https://sites.google.com/site/saipapahome/
お問合せ mail@saipapa.org

関東

ねりパパ

「練馬のパパを楽しもう！」を合い言葉に2010年５月に結成。2013年７月現在50名強の父親が在籍。３つのイクジ「育児・育自・育地」をスローガンに児童館等で絵本ライブを定期開催（育児）、行政等と連携したイクメン講座の開催（育自）、商店街や練馬区の祭事への参画（育地）等、年間120回程度の活動を実施。2012年にはオリジナルヒーロー「イクメン戦士ネリマックス」が誕生、いじめや虐待防止にも力を入れている。

URL http://neripapa.jimdo.com/
お問合せ neripapa@livedoor.com

パパになってよかった！　毎日の楽しさが倍増した。（天野、6歳長女・次女）

東海

なごや子連れ狼《おおかみ》の会（通称：NWC）

“普段仕事に忙しくて、子どもとの時間を取れないパパと子どもが、一緒に遊ぶことを通じて絆《きずな》を深め、何より楽しむ。ママがいないことで「ママには秘密」や「甘やかしのパパ」を思う存分できる”“ママには普段自由にできる時間がないから、このときばかりは美容院や買い物、お友達とのおしゃべりなどひとりの時間を感謝の気持ちを込めてプレゼントする”こんなことをコンセプトに、パパと子だけでキャンプ、スキー、潮干狩りなどに出かけている。

URL http://nwc.teamkosodate.com/main/
お問合せ http://nwc.teamkosodate.com/main/contactus

近畿

岸和田まちなかパパカレッジ（通称：パパカレ）

パパカレは、「遊ぶ」「つくる」「つながる」をキーワードとして、行政協働でパパと子どもが楽しむ場を毎月第３日曜に開催している。また、各地で絵本ライブやバルーンアートを開催し、パパカレでつながったパパが中心となり、子ども冒険遊び場をつくり、岸和田中にプレーパークを広げる活動も始めた。自分の子どもと楽しむ父親から、地域の子どもと楽しむ父親、地域を楽しむ父親へと、パパたちの多様な在り方を広める場になっている。

お問合せ rurirarere@gmail.com

近畿

FJK（ファザーリング・ジャパン関西）

関西一円の広域で活動し、パパスクール・イクジイスクール・父子遊びイベント・児童虐待防止フォーラムなど、行政や企業と協同で多数開催。メンバーのパパ同士は、メーリングリストで子育てや地域活動、地元パパサークルの情報交換を盛んに行う。会員はイベントやミーティングで会うほか、家族ぐるみでしょっちゅう遊ぶビッグファミリー。ときに愚痴も言い合いながら、笑顔で楽しむ。合い言葉は「笑《わ》ろてるパパがええやん！」

Fathering Japan Kansai

URL http://fjkansai.jp
お問合せ info@fjkansai.jp

中国

Club I am a Father

“パパ同士のつながりを作り、育児をもっと楽しいものにしたい！”と、パパが気軽に集える場所を作るため2011年に設立。広島を中心に活動している。メーリングリストによる情報交換やランチ会をするほか、キャンプやピクニック、バーベキューなどアウトドア企画を行う。また、テレビ番組「逃走中」を模した「逃走中ごっこ」を親子で行ったイベントは大好評。代表の北佳弘さん（PaPaLife研究所）が講師となった「キャラ弁教室」も人気。

URL http://papalife.jp/papacircle.html
お問合せ info@papalife.jp

パパになってよかった！ 今まで話すこともなかった人たちと出会うようになったこと。（吉田、6歳長男・4歳次男・1歳長女）

九州

FJQ（ファザーリング・ジャパン九州）

九州男児なパパたちを支援するパパコミュニティー。2010年に設立され福岡県を中心に九州全域で活動中。絵本を通じたパパと子どものスキンシップ講座や「クラウドパパ」でITを活用した楽しい育児・家事、段ボール・いす木工など親と子で楽しめるワークショップなどを開催。また、地域・保育園・幼稚園・マンション内での講演や、パパのネットワーク立ち上げのきっかけ作りを通じ「父親であることを楽しめる」環境作りを広げている。

URL http://fjq.jp/
お問合せ info@fjq.jp

沖縄

お父Ring沖縄

沖縄県で子育てを楽しむお父（おとー）の集まりである。宮古島の酒飲みの風習である「おとーり」にもかけて、呑《の》み会などを楽しんでいる。メンバーそれぞれの趣味や特技を生かして、キャンプやバルーンアート教室など、親子で楽しめるイベントを企画している。また、毎月第1月曜午後9時からは、Ustreamで「お父TV」を配信し、子育て情報などを提供している。

URL https://www.facebook.com/otou.ring#
お問合せ atsuyasama@gmail.com

□ パパサークルの作り方

パパサークルを自分でも始めたいと思った人はいますか？ パパサークルの原則は「ゆる～く」行うこと。はじめから組織をきっちり作ろうとせず、参加を強制しないで敷居を低くすると、メンバーが集まりやすくなります。

発起人のパパが一人で頑張っても息切れするので、役割分担しましょう。まずはパパ飲み会から始め、お出かけ企画やバーベキューなどのイベントを設定します。明確な目標があると結束力が強まります。各々の専門性や趣味を生かし、自分たちが楽しめる活動にするのが、長続きの秘訣《ひけつ》です。

！ 今回のまとめ

★ **パパサークルは全国にあります！入会パパを募集中**

★ **専門性や趣味を生かして、地元をトレジャーランドに！**

★ **パパサークルがなければ、ゆる～く始めてみよう！**

特別講座☆☆☆

次世代育成について考える

川島高之 Takayuki Kawashima

総合商社に勤務し現在は会社の経営者というビジネス経験と、PTA 会長、少年野球コーチ、コヂカラ・ニッポン代表、ファザーリング・ジャパン理事という子ども教育経験の両面を融合させた講演や事業を、各地で展開中。

約６割の若者が、学校を中退、若しくは不安定就労。仕事を理由にした若者の自殺者が、３年間で倍増。

皆さん、この事実をどう思いますか？

私は、PTA会長、少年野球コーチ、子ども関連NPOなどの「子ども教育」の経験と、総合商社での勤務や会社経営など「ビジネス」の経験という二つの側面から、「このままだと状況は悪化の一途をたどるのでは」と危惧しています。子ども教育の現況とビジネスの現況に分けて、もう少し説明します。

◉子ども教育の現況

「自立した社会人」に育てることが目的である「子どもの教育」、その環境は決してよいとはいえません。なぜなら、孤立する母親と子ども教育に参画しない父親、多忙すぎて生徒たちとの時間が取れない学校の先生、コミュニティーが希薄化し異世代間交流の少ない地域社会、「教える」という一方通行で「育てる」という双方向性が足りない大人と子どもの関係など、一昔前にはあまり見られなかった傾向が強まっているからです。このままでは自立の能力を得ないまま大きくなる子どもが、ますます増えていくでしょう。

◉ビジネスの現況

子どもが自立する場所の一つである仕事（職場）、その環境は大きく変化しています。どんな職業も「グローバル競争」にさらされています。グローバル競争の中で仕事をするには「自分で考え、行動し、課題解決までやり通す」という自主性が必須ですし、企業が求める人材は、“What did you do?”（何をしてきたか）ではなく、“What can you do?”（何ができるか）になってきています。このままでは、たとえ学業成績は優秀であっても、就職できないあるいはワーキングプアの若者が、ますます増えていくことでしょう。

◉我が子が自立するには

では、我が子が自立し、激化するグローバル社会の中でも幸せな社会人(仕事人）として暮らしていけるようになるには、どうすればいいでしょうか？

それは三つあり、いずれも父親の役割「大」です。

一つ目は、子どもに、「好きなこと」と「得意なこと」をやりたいだけやらせること。時間を忘れて没頭できる好きなことと、他人より秀でている得意なことは、いずれも「自立するための原動力」となります。学校の教科はもちろん、野球、ピアノ、おしゃべり、マンガ、何でも構いません。

二つ目は、実社会での本番体験の機会をできるだけ与えること。つまり、地域や職場など「大人が真剣に働いている」実社会という場で、子どもが「大人の役に立つ」という経験をさせることです。

三つ目は、「子どものチカラを信じる」こと。大人はつい、子どもに任せられなくなり、手や口をすぐに出してしまい、早急な結果を子どもに求めてしまいがちです。そこを辛抱し、子どものチカラを信じてみましょう。

理想を言えば、好きなことや得意なことを通じて（上述1)、実社会で役立つ経験をさせ（上述2)、その過程で大人はできる限り手や口を出さないで子どもを信じる（上述3)。これだけで、子どもは自然に「自分のチカラで前に進み、成長し、自立した社会人」になります。

◉子育て・子ども教育の究極的な目的は「子どもの自立」

多忙を極める学校の先生と、関係性が希薄化する地域社会の中で、親が我が子の進むレールを敷き、正解のある問題ばかりを解かせ、手取り足取りの過干渉になると、子どもは自立できず「口を開けてエサを待っているペンギン」化してしまいます。本書を読んでいる皆さん、我が子が自立した社会人に育つためにも、上述の三つを心がけてください。

NPO法人 コヂカラ・ニッポン　http://www.kodikara.org/

「子どものチカラを信じよう」をモットーとし、子どもの自立と社会の輝きを目的に、ファザーリング・ジャパンのメンバーが中心となって2012年春に設立。活動を通じて感じていることはただ一つ、「子どものチカラってスゴい！」。

パパ192《イクジ》人アンケート

192 PAPA QUESTIONNAIRE

192人の育児パパを対象にアンケート調査を行いました。子育てにコミットし、積極的に取り組んでいるパパたちの実態を知ることで、「新しいパパ」の姿が見えてくるかもしれません。

回答者属性

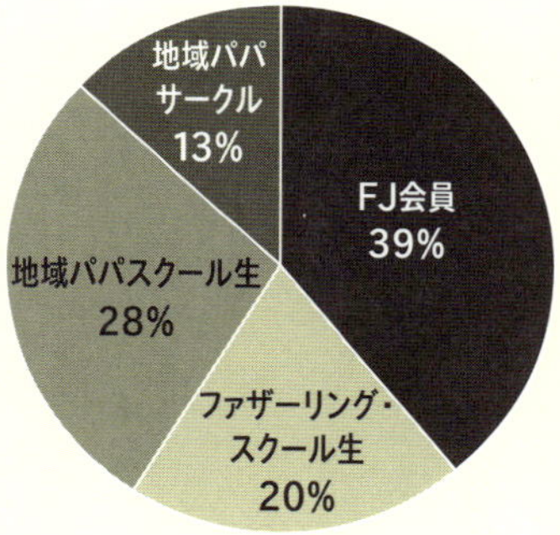

[協力]

NPO法人ファザーリング・ジャパン、ファザーリング・スクール1～10期、横浜イクメンスクール1～3期、かながわコミュニティ・パパスクール、かなざわパパスクール、川崎パパ塾、あきた木木遊び隊、ねりパパ、さいパパ、沖縄お父Ring、西東京市パパクラブ、日本橋パパの会、GooDays江戸川、江東区パパの会、逗子イクメンズ倶楽部、ほか全国のパパサークル

Q1. パパ友は何人いますか？

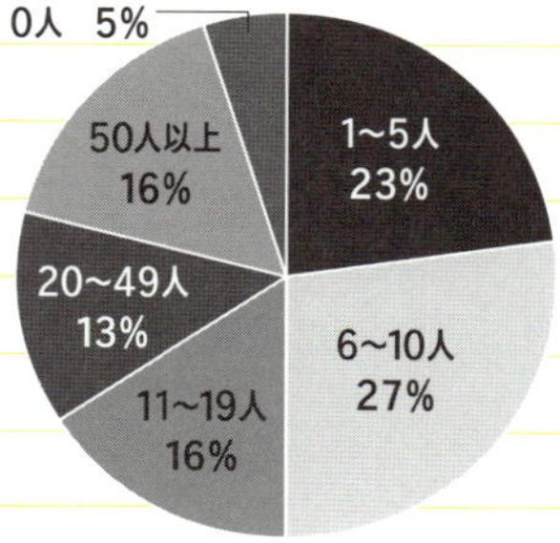

☞「パパ友50人以上」が1割超

今回のアンケート対象となったパパたちは、それぞれがパパ友ネットワークを持っているため、パパ友の多さが際立ちます。パパ友1～10人の人が半数を占める中、50人以上の人が16％も！ パパ友が多いと、育児が楽しくなりますね。

Q2. イクメンと呼ばれたことはありますか？

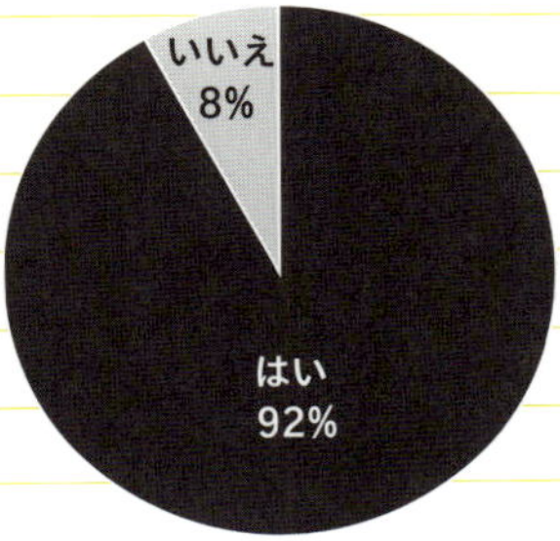

☞みんな「イクメン」と呼ばれている

ほとんどのパパが「イクメン」と呼ばれたことがありました。自称「イクメン」ではなく、周りも認める育児パパですね。次の質問で、「イクメン」と呼ばれることに関してどのように感じているのか尋ねてみました。

Q3. （Q2で「はい」の人）イクメンと呼ばれるのは好きですか？

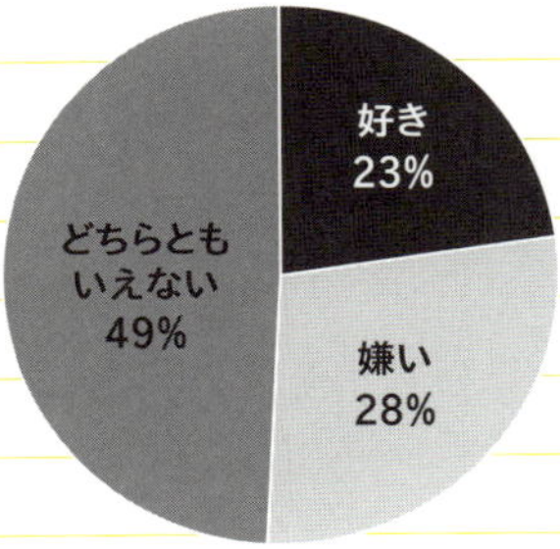

☞意外に「イクメン嫌い」が多い

「イクメン」と呼ばれることについて、「嫌い」が「好き」を上回る結果となりました。男も育児をするのが当たり前だと思っているパパの中には、「イクメン」と特別扱いされることに抵抗感がある人もいるようです。

Q4. 理想とする父親はいますか？

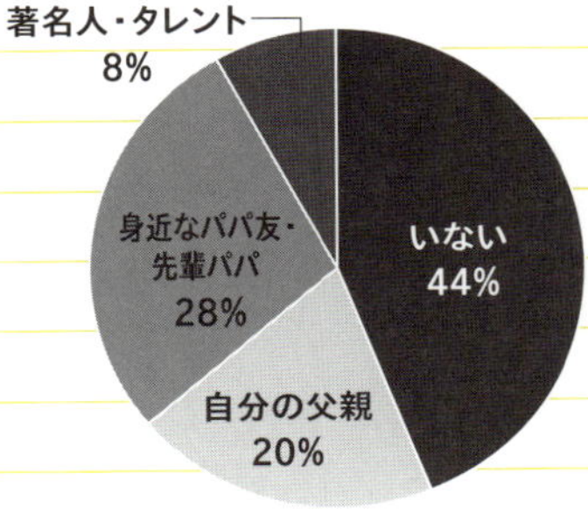

☞理想の父親モデルが不在なパパたち

理想とする父親は「いない」と答えた人が半数近くになりました。ロールモデルがいない中で、手探りで父親業に励むパパたちの姿が垣間見えます。一方で、「自分の父親」または「パパ友・先輩パパ」を理想と答える人もそれぞれ２割程度いました。

Q5. 育休を取得したことがありますか？

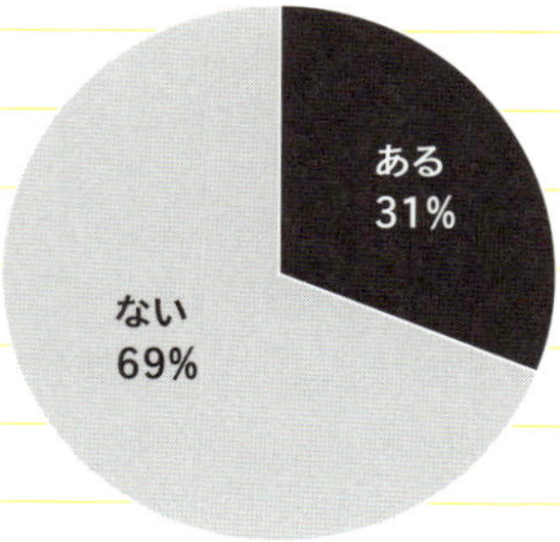

☞育休取得率31%！

一般的な男性の育休取得率は1.89%（→P.133）ですが、このアンケートでは、育休を取った人が3割もいました。実際、ファザーリング・スクール受講生には育休経験者が多い傾向にあります。周りに経験者が多いと、育休取得が普通の感覚になってきます。

Q6. 育児・家事に費やしている時間（一日平均）

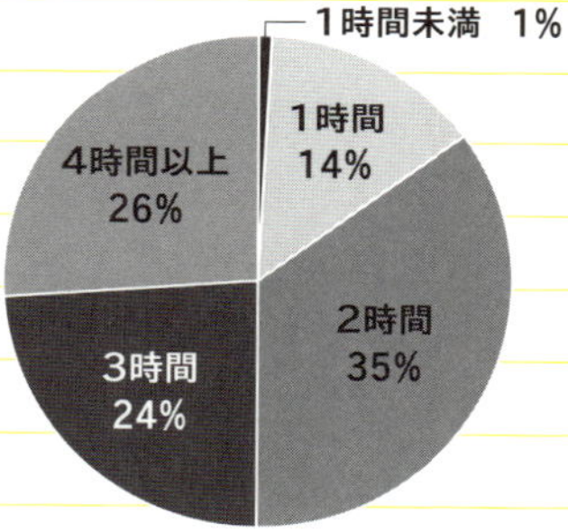

☞イクメンパパがグローバルスタンダード

育児パパたちの育児・家事時間は、平均3時間4分。欧米のパパたちは育児・家事を一日3時間前後しており（→P.19）、世界水準といえます。ほか、「平日は朝のみだけど、土日はずっと子どもと一緒」と回答したパパも多くいました。

Q7. 普段している子育て（複数回答）

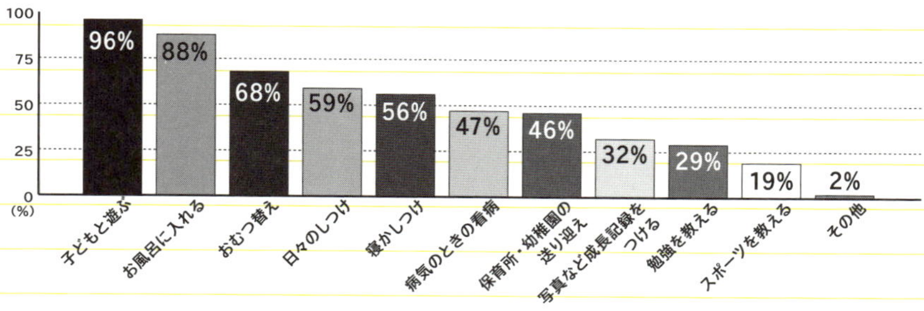

乳幼児のパパにとって「子どもと遊ぶ」と「お風呂」は定番といえます。

Q8. 妻に「愛している」と言っていますか？

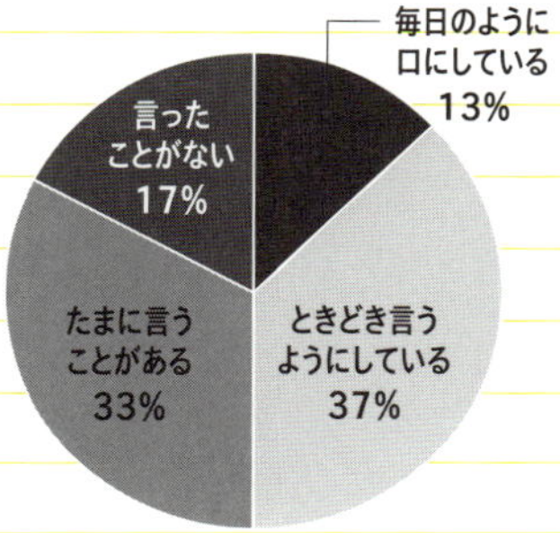

☞妻へのラブメッセージは控えめ

我が子への愛情は包み隠さないパパたちも、妻には照れくさいのか、「愛している」と毎日言う人は1割程度にとどまります。「たまに」「ときどき」が多数派です。皆さんはパートナーに「愛している」と言っていますか？ あるいは、最後に口にしたのはいつですか？

Q9. 妻の機嫌をよくするために実践していること

(自由回答)

☞ママのケアに努力しているパパたち

パパ育児の要は「ママのケア」（→ P.28）です。そんなママのケアをどのように行っているのか尋ねました。「そんなものがあったら教えてほしい！」「嵐が過ぎるのを堪えるのみ」という声も一部ありましたが、パパたちがそれぞれに努力している姿が伝わる結果となりました。

パパたちが最も熱心に取り組んでいたのは「妻の話を聴く」こと。毎日家に帰ると「今日はどうだった？」と尋ね、「いつも頑張っているね」とねぎらいの言葉を添え、「ありがとう」と感謝を伝えているパパが多いようです。

続いて多かったのは「家事をすること」。食器洗いや洗濯など、言われる前にやるのがポイントです。「マッサージ」「ママに一人時間をプレゼント」も、人気があります。

その他、「飲み会の日はスイーツを買って帰る」「毎朝出かける前にギューッと抱きしめる」「妻が喜ぶことを考えることを日課にしている」「妻を大事にしていることを言葉・態度・行動で示す」といった回答もありました。

Q10. 子どもが大きくなったらしてみたいこと

(自由回答)

☞パパは子育てにロマンを抱く

我が子が大きくなったら、パパたちは一緒に何をしたいと思っているのでしょうか？ パパたちの夢をランキングにしました。

1 位	＞ 旅行(海外旅行、父子旅行)	57人
2 位	＞ お酒を飲みたい	36人
3 位	＞ スポーツ(野球、ゴルフ、テニスなど)	32人
4 位	＞ 登山・キャンプなどアウトドア	16人
5 位	＞ デート(映画、食事)	14人
6 位	＞ 乗り物(ドライブ、ツーリング、自転車)	13人
7 位	＞ 議論したい、語り合いたい	12人
8 位	＞ 孫育て	9人
9 位	＞ 仕事	8人
10 位	＞ 楽器(バンド、ピアノ連弾)	4人

ランク外＞花嫁姿を見たい、小さかった頃の思い出話をしたい、一緒に料理したい、娘の彼氏に会いたい

子どもとしてみたいことベスト3は「旅行」「お酒」「スポーツ」でした。特に「一緒に旅行をしたい」が圧倒的人気で、世界遺産巡りなど「世界を見せてあげたい」という声が集まりました。

ほか、「孫の顔を見てみたい」「娘の結婚式で泣きたい」といった気の早いパパもいました。総じて、パパの夢にはロマンがありますね。

Q11. パパになってよかったと思うこと（自由回答）

☞毎日が充実！

◎仕事を頑張れるようになった。

◎家に帰ることや休みがより楽しみになった。

◎いろんなことに興味が出て、生き方の幅が広がった。

◎毎日が楽しくなった。愛し愛される喜びを手にできた。

◎仕事、家庭、地域など、自分が関わるすべてにおいて、視野が広がった。

◎子育てを通して友人が増え、人間関係が豊かになった。コミュニケーション能力が向上した。

☞人生観が変わった！

◎人生が楽しくなった。パパ友、ママ友がたくさん増えた。

◎生について、死について深く考えるようになった。

◎自分が必要とされている存在であることを確認できた。それは自分の子どもでなくても同様に。

◎人生の幅が広がった。次の世代に何を手渡していくべきかを真剣に考えるようになった。

◎自分以外の人のために生きる幸せを知った。

◎平和な社会を次世代に引き継がなければならないと思うようになった。

◎人生が変わったというか、新しい人生が始まった。

☞子どもがいとしい！

◎帰って子どもの寝顔を見るのが楽しみ。

◎子どもの笑顔を見ると幸せになる。

◎子どもがとにかくかわいい。職場の机の上の写真を見るのがうれしい。

◎子どもの寝顔を見ていると言いようのない幸福感に包まれる。出会うはずのなかった人と出会える機会を子どもが作ってくれる。

☞妻に感謝！　両親に感謝！

◎妻との関係性がさらに一段深まった。

◎妻と意見を交わす機会が増えた。

◎親の大変さを痛感でき、自分の親に対してもっと優しくしようと思えた。

◎子育てをする中で、両親はこんなにも手をかけて愛情を注いで育ててくれたんだなと気づかされ、両親に感謝できるようになった。

おわりに

『新しいパパの教科書』、いかがでしたか？ 子育ての楽しさに共感したり、醍醐味を感じたり、パパならではの子育てを知って新たな発見があったりしたのではないでしょうか。また、子育てや家事のコツ、夫婦関係を良好にする秘《ひ》訣《けつ》、地域活動の始め方など、具体的に役に立つことがあったなら、とてもうれしく思います。

◎日本初の父親学校「ファザーリング・スクール」

本書は、NPO 法人ファザーリング・ジャパン（通称：FJ）が主催する「ファザーリング・スクール」の講座で教えている内容をもとに、特に0歳から３歳くらいまでの乳幼児のパパやプレパパが押さえておきたい要素を加えて、FJ メンバーの各分野の専門家と一緒に作りました。

ファザーリング・スクールは 2009年10月に日本初の本格的父親学校として開校しました。平日夜、隔週の開催で全８回、4か月におよぶ連続講座です。受講したパパたちの満足度は90% 以上と非常に高く、これまで100名以上が「笑っている父親」となって卒業しました。

スクールの開校は“イクメン”が流行する時期と重なって、取材が殺到しました。NHK「クローズアップ現代」やテレビ東京「ガイアの夜明け」などで紹介され、CNN の取材を受けるなど海外からの注目も浴びました。

テレビや新聞、雑誌で多数取り上げていただけたことは、スクールの宣伝にもなりありがたく思う一方で、インタビューを受けながら、違和感もありました。ある母親から「普段の育児は私がしているのに、なぜパパがちょっと育児しただけでテレビに出るの？」と言われたことがあります。確かに、母親が育児をしても話題にすらなりません。イクメンがニュースになった理由は、単に「男の育児が珍しいから」だったのです。

◎男の育児が当たり前である社会へ

ところで、私には二人の娘がいます。長女が生まれた2007年当時、父親向けの子育て情報は皆無に等しく、子育て講座やイベントに参加しても周りは女性ばかりで、居心地の悪い思いをしたものでした。そこで、父親対象の講座がないなら自分で作ってしまえ！　と思い立ってファザーリング・スクールを始めたわけですが、イクメン・ブームのおかげもあり、この数年で父親の育児を取り巻く状況は、明らかに変化しました。

ただ、“イクメン”なんて言われなくても、男が当たり前に育児をする社会が理想です。イクメンのムーブメントを起こすために、FJでは全国の自治体と協働して、パパスクールなどの名称で父親対象の連続講座を広める活動を始めました。首都圏から始まり、今では北海道から沖縄まで、各地でパパスクールが開催されています。もし、近隣でそうしたパパ講座が行われていたら、受講をお勧めします。

◎パパの喜びを共有しましょう

パパが育児をすることで子どもが喜び、家族が明るくなります。明るい家族が増えれば社会全体が元気になります。パパの育児は少子化対策や虐待防止、地域づくりや次世代育成にもつながり、ポジティブな影響ばかりです。そして何より、パパ自身の人生が豊かに、幸せになります。子育てにコミットすることで、価値観や生き方が変わるからです。

『新しいパパの教科書』を読んでくださったパパたちが「笑っている父親」となり、パパの喜びを共有できたらうれしいです。「新しいパパ」の家族が皆で助け合い、支え合いながら、子育てしやすい世の中にしていけたらと思います。私たちの幸せのために、子どもたちの未来のために。

NPO法人ファザーリング・ジャパン理事、ファザーリング・スクール教務主任　あづまこうじ

製作協力者

【執筆・編集協力】

東 浩司　ファザーリング・ジャパン理事、ファザーリング・スクール教務主任

高祖常子　ファザーリング・ジャパン社員、育児情報誌『miku』編集長

【執筆協力(50音順)】

安藤哲也　ファザーリング・ジャパン副代表理事、NPO法人タイガーマスク基金代表理事

内山恵介　ファザーリング・ジャパン賛助会員、日本興亜スマイルキッズ江戸川橋保育園 園代表

川島高之　ファザーリング・ジャパン理事、NPO法人コヂカラ・ニッポン代表理事

久留島太郎　ファザーリング・ジャパン理事、千葉大学教育学部附属幼稚園教諭

滝村雅晴　ファザーリング・ジャパン社員、株式会社ビストロパパ代表取締役

塚越 学　ファザーリング・ジャパン理事、東レ経営研究所ダイバーシティ&ワークライフバランスコンサルタント

徳倉康之　ファザーリング・ジャパン事務局長

西村直人　ファザーリング・ジャパン社員、NPO法人えほんうた・あそびうた代表理事

新田香織　ファザーリング・ジャパン賛助会員、グラース社労士事務所 代表

林田香織　ファザーリング・ジャパン賛助会員、ロジカル・ペアレンティングLLP代表

堀込泰三　ファザーリング・ジャパン賛助会員、FJ文京支部代表、兼業主夫翻訳家

三木智有　ファザーリング・ジャパン賛助会員、NPO法人tadaima!代表理事

吉田大樹　ファザーリング・ジャパン代表理事

【監修】

小崎恭弘　ファザーリング・ジャパン副代表理事、神戸常盤大学教育学部こども教育学科准教授

【カバー・本文イラスト】　高村あゆみ
【カバー・本文デザイン】　星 光信
【DTP】　有限会社マウスワークス

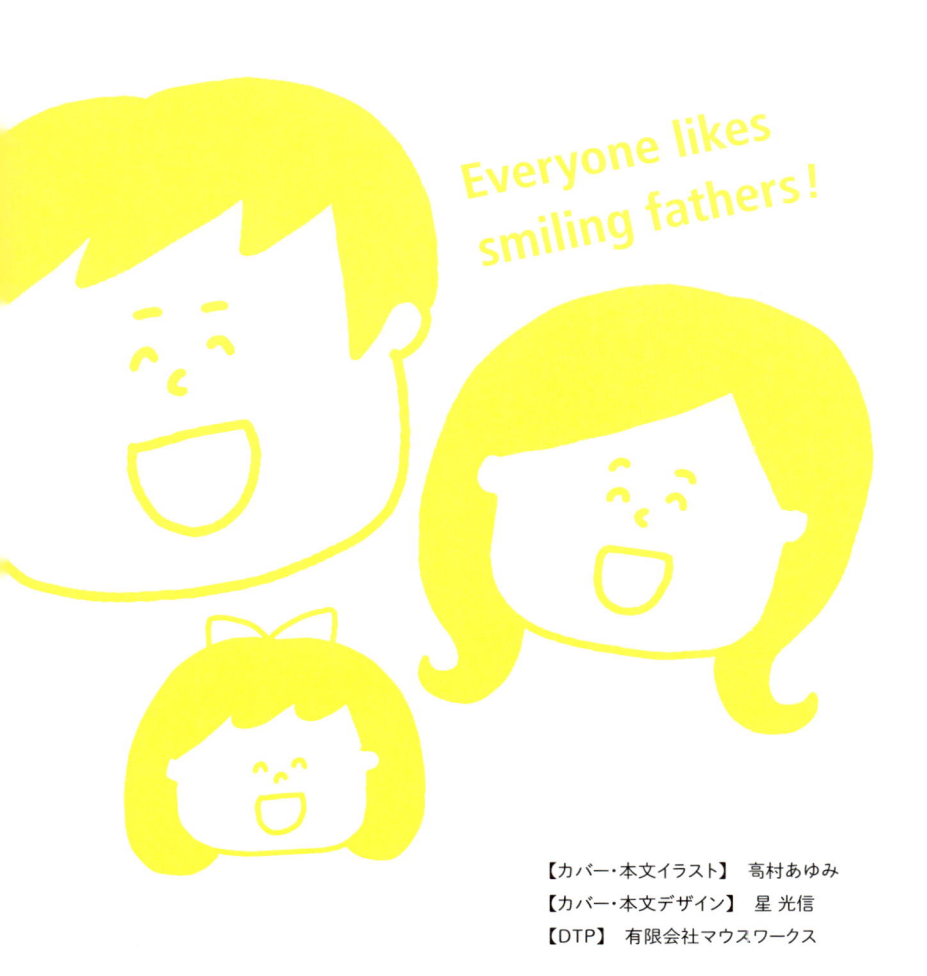

NPO法人ファザーリング・ジャパン　Fathering Japan

「子どもが生まれ、父親になったら、仕事も育児も両立しながら楽しんで生きていきたい」。そうした「Fathering＝父親であることを楽しもう」という意識をもった育児世代のパパたちを支援するため、2006年に設立。「いい父親ではなく、笑っている父親になろう」をメッセージに、年間300回を超える講演会やセミナー、イベントを実施している。主な事業に、ファザーリング・スクール（父親学校）、フレンチトースト基金（父子家庭支援）、さんきゅーパパプロジェクト（男性の育休取得促進）、ペンギンパパプロジェクト（産後うつ予防）、タイガーマスク基金（児童養護施設の子ども達支援）、パパエイド基金（被災地支援）、イクジイ（孫育て）、マザーリング（母親支援）などがある。会員数は約300名（2013年9月現在）、うち男性95%。各地に支部団体も設立している。

【代表理事】吉田大樹

労働関係の専門誌記者を勤めた後、2012年7月にFJ代表理事就任。内閣府子ども子育て会議委員をはじめ、父親の代表として様々な発信を行う。三人の子どもを育てるシングルパパでもある。

ファザーリング・ジャパンWEBサイト▶ **http://www.fathering.jp/**

新しいパパの教科書

2013年 10月15日　第1刷発行
2024年　3月18日　第16刷発行

著　　者　NPO法人ファザーリング・ジャパン
発 行 人　土屋徹
編 集 人　代田雪絵
編集担当　留森桃子

発 行 所　株式会社 Gakken　〒141-8416 東京都品川区西五反田2-11-8
印 刷 所　株式会社リーブルテック

この本に関する各種お問い合わせ先
●本の内容については、下記サイトのお問い合わせフォームよりお願いします。
https://www.corp-gakken.co.jp/contact/
●在庫については
Tel 03-6431-1250（販売部）
●不良品（落丁、乱丁）については
Tel 0570-000577
学研業務センター　〒354-0045 埼玉県入間郡三芳町上富279-1
●上記以外のお問い合わせは
Tel 0570-056-710（学研グループ総合案内）